W0330335

AVANT/APRÈS

Transformer son jardin ou sa terrasse

AVANT/APRÈS

Transformer son jardin ou sa terrasse

Pierre-Alexandre Risser / Patrick Mioulane

ULMER

Introduction

En ville, un jardin constitue un lieu privilégié capable de transformer complètement notre quotidien. En formant un écrin au sein duquel petits et grands peuvent se réfugier à loisir, la profusion végétale fait oublier les artifices de l'urbanisme, la pression des constructions verticales et elle atténue même le brouhaha de la cité. Si le jardin en ville s'intègre dans un univers clos, il définit aussi l'espace. Dans ce contexte, tout l'art du paysagiste consiste, non pas à venir ajouter une pièce de puzzle dans un paysage, mais à composer le paysage lui-même, un paysage qui répond aux attentes et aux envies des propriétaires du lieu.

D'un côté, les contraintes sont importantes car le jardin ne doit pas paraître incongru, en exprimant une personnalité suffisante pour s'imposer dans un environnement plutôt hostile. De l'autre, c'est l'occasion de donner libre cours à une créativité débridée, puisque dans la ville, chaque jardin constitue un lieu quasiment secret, réservé à un usage privé.

Le milieu urbain bénéficie d'un microclimat particulier avec une moyenne de température de 2 à 4 °C plus élevée que dans les zones périphériques. Cela permet d'y réussir des plantes réputées non rustiques dans la région. Il suffit pour cela d'éviter les courants d'air et de profiter de l'accumulation calorique produite par les bâtiments, dont les matériaux restituent durant la nuit la chaleur qu'ils ont accumulée durant la journée.

Le jardin citadin est le propre de personnes actives qui vont consacrer un minimum de temps à son entretien. Dans cette optique, l'emploi de végétaux à feuillage persistant, dont la vitesse de croissance reste modérée, et la généralisation de l'arrosage automatique sont des gages de succès.

JARDINS

Sérénité à la japonaise

Niché en plein centre de Paris, cet espace, qui couvre moins de 200 m^2, a été habilement transformé en jardin sobre et harmonieux. Il est inspiré par le style japonais qui lui confère une tranquillité « zen ».

Réalisé en 2004, il a suffi de trois ans pour que les plantations atteignent leur plénitude, donnant l'impression que le décor s'est intégré dans un paysage naturel. C'est un jardin très discret, ce qui s'est avéré plutôt un avantage pour ce concept.

Un « pas japonais », des éclairages subtilement dissimulés dans les feuillages, un beau rocher, des bambous, des érables au feuillage palmé, pas de doute ce jardin s'inspire de la philosophie zen.

LA CONCEPTION DU JARDIN

AVANT

APRÈS

Les habitants de l'immeuble voisin bénéficiaient d'une vue plongeante sur le jardin, d'où un manque total d'intimité. Parmi la végétation existante, seuls deux grands ifs ont été conservés. Leur feuillage sombre et persistant projette une ombre dense toute l'année, d'où l'option tout de suite retenue d'un jardin assez minéral.

Afin de respecter l'esprit japonais décidé pour le jardin, un gazébo en bois de 4 m de côté a été construit au fond, pour abriter un jaccuzzi. Cet abri discret peut être assimilé à la « maison de thé », à laquelle on accède par un cheminement de pierres, le fameux « pas japonais ». De grandes dalles d'ardoise verte serpentent ici entre la terrasse et le spa. Elles sont posées sur du sable et entourées de granulats en béton recyclé.

Depuis la maison, on dispose d'une superbe vue en pespective vers le gazébo qui abrite le spa. Le jardin fait totalement corps avec l'habitation. On vit à sa guise, dehors ou dedans, selon les caprices du ciel.

La terrasse, un espace à vivre

Le jardin était délimité par un muret qui utilisait inutilement de l'espace. Une terrasse en bois exotique imputrescible (ipé) a été construite en position surélevée qui permet un accès direct des chambres au jardin. Les balcons situés au-dessus, protégeant des intempéries une partie de la terrasse, ils permettent d'en profiter par tous les temps. Tables et chaises aux lignes contemporaines, agrémentent ce lieu de convivialité et de détente.

Une fois assis, les immeubles alentour disparaissent totalement dans la végétation, les deux ifs conservés et les bambous plantés au fond assurant un écran de verdure qui isole totalement le jardin. Sur la terrasse, des pots en béton noir et des bacs en zinc accueillent les feuilles amples de l'aralia du Japon *(Fatsia japonica)* et la floraison parfumée du jasmin étoilé *(Trachelospermum jasminoides)*.

Habiller le sol

Le terrain d'origine étant très pauvre et contenant beaucoup du gravier, il a fallu enrichir énormément le sol. Pour les plantations de sujets importants, de gros apports de terreau acide ont été effectués afin d'installer confortablement les plus grands arbustes dans des fosses de 80 x 80 cm.

La minéralité nécessaire à l'expression d'un jardin de style japonais est illustrée par le « pas japonais » qui s'inscrit dans un revêtement de béton concassé. Ici, l'indispensable irrégularité des dalles est matérialisée sur les contours de manière à circuler aisément. Mais au Japon, les paysagistes utilisent des pierres plates d'une hauteur et d'une surface irrégulières pour que le cheminement assez difficile vers la maison de thé accroisse encore le plaisir lorsque l'on y parvient.

Au pied des arbustes et des bambous, des pétales d'ardoise servent à la fois de décor et de paillis, freinant le développement des herbes sauvages.

Sur la droite, juste avant d'arriver au « pavillon spa » *(voir page 8)*, une jolie roche volcanique entourée de sable soigneusement râtissé évoque les karesansui (jardins secs). Entre ombre et lumière, une lanterne japonaise contemporaine, posée sur une pierre, éclaire de manière discrète les cannes du bambou *(Phyllostachys vivax* 'Aureocaulis'). Une belle touffe d'acanthe *(Acanthus mollis)* vient compléter le décor.

Les murs ont été masqués avec des palissades « Collfort » de Collstrop. Constituées de lattes de pin traité, montées sur un treillis métallique Bekaert, elles marient avec bonheur esthétique et solidité.
La porte en bois d'origine indienne contribue à « orientaliser le décor ». Elle sert de passage, du jardin vers la copropriété. Les plantations alentour sont constituées d'espèces couramment rencontrées dans les jardins du Japon : érable à écorce de papier *(Acer griseum)*, bambou sacré *(Nandina domestica)* et *Hydrangea quercifolia*.

Le bruissement subtil de l'eau

Le problème esthétique posé par le mur aveugle a été résolu en créant un « mur végétal qui suinte ». Une bâche à bassin maintenue par une structure rigide a été appliquée sur le mur. Dessus est tendue verticalement une bâche en coco, dans laquelle sont ménagées des poches remplies de terreau et de pouzzolane qui accueillent les plantes. Un tuyau muni de goutteurs serpente sous la toile, apportant une humidité permanente, mais non stagnante. L'eau est stockée dans un bassin surélevé de 1,50 m x 1 m et de 50 cm de profondeur. L'arbres qui domine est un érable du Japon *(Acer palmatum)*. Mais on distingue aussi un cornouiller de Bentham *(Cornus capitata)* et des touffes de jonc japonais *(Acorus gramineus)*.

La petite fontaine, alimentée par une pompe immergée, a été fabriquée avec trois morceaux de bambous.

les plantes clés

1 **Érable du Japon** *(Acer palmatum)*
Cet arbre, dont il existe des centaines de cultivars, prend un port gracieux, d'aspect léger. Son feuillage s'embrase à l'automne, prenant des teintes d'or nuancé d'orange. Appréciant la fraîcheur et l'humidité, il craint les étés chauds.

2 **Azalée du Japon** *(Rhododendron x)*
Compact, arrondi, cet arbuste à feuillage persistant est une des rares espèces à fleurs couramment plantée dans les jardins au Japon. Les cultivars rose pâle ou blancs sont à préférer dans les zones ombragées. Terre de bruyère obligatoire.

3 **Houx du Japon** *(Ilex crenata)*
Ressemblant beaucoup à un buis par ses petites feuilles rondes, il est souvent taillé « en nuages ». Il tient bien au froid, mais craint les étés chauds et secs propices aux attaques d'araignées rouges et de pucerons.

4 **Hortensia à feuille de chêne**
(Hydrangea quercifolia)
Il perd son feuillage en automne après une explosion colorée dans les tons bronze et pourpre. Il porte de juillet à octobre des fleurs blanches très décoratives. Appréciant l'ombre et un sol acide, il réussit bien en bac.

5 **Aspidie du Japon** *(Polystichum polyblepharum)*
Cette fougère à feuillage persistant, qui s'étale sur 60 à 80 cm, peut servir de couvre-sol. Elle accepte l'ombre dense.

6 **Jonc japonais** *(Acorus gramineus* 'Variegatus'*)*
Résistant quasiment à tout, cette herbe au feuillage panaché persistant, coriace, coupant, forme une touffe de 30 à 40 cm de haut. De croissance lente, cette plante se plaît dans les sols très humides, mais elle supporte bien les étés secs.

Le choix des végétaux s'est limité à des espèces acceptant l'ombre dense. Côté plantes vivaces, il y a surtout des fougères, mais aussi un ophiopogon, un carex, de la prêle, et un acore panaché. Les arbustes sont représentés par des azalées japonaises, des mahonias et des nandinas.

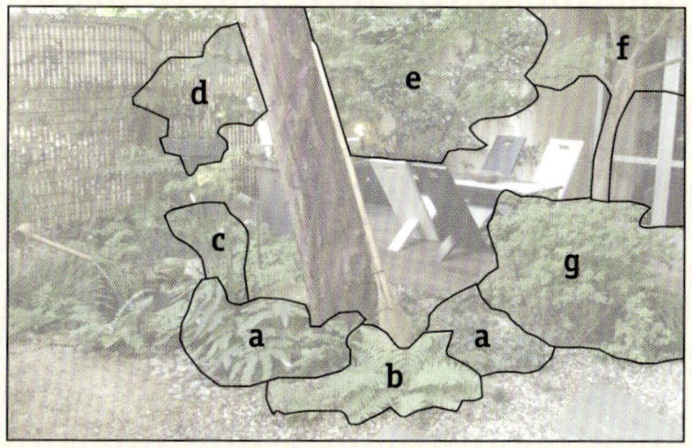

a/ Fougère de Siebold *(Dryopteris sieboldii)*
b/ Fougère cuivrée *(Dryopteris erythrosora)*
c/ Prêle d'hiver *(Equisetum hyemale)*
d/ Aralia du Japon *(Fatsia japonica)*
d/ Jasmin étoilé *(Trachelospermum jasminoides)*
e/ Érable du Japon *(Acer palmatum)*
f/ Bambou sacré *(Nandina domestica)*
g/ Azalée du Japon *(Rhododendron japonicum)*

Ligne moderne et minéralité

Rien de plus efficace qu'un foisonnement de végétation pour faire oublier que l'on est en ville. En s'habillant de verdure, les murs prennent vie et l'environnement s'anime en beauté. Une fois le décor planté, le jardin devient une véritable pièce à vivre, où la minéralité domine pour des raisons pratiques et de bien-être. La simplicité et la sobriété des lignes incitent à la détente et au repos, dans une ambiance délicieusement rafraîchie par l'ombrage et le bruissement des feuillages.

Bien protégé par un écrin verdoyant qui conserve son harmonie en toutes saisons, le jardin sort de sa dimension purement esthétique pour trouver une vocation ludique, gastronomique ou relaxante.

AVANT

Dans ce rez-de-chaussée d'immeuble situé en plein Paris, il est nécessaire de s'isoler du voisinage. Au départ, le sol était recouvert d'un caillebotis de bois en mauvais état et la périphérie du jardin cernée par quelques bambous et de gros lauriers palmes. L'idée a été de renforcer la personnalité du lieu, en le faisant bénéficier d'une plus grande diversité végétale et de l'intégrer dans un concept plus contemporain. Les bambous existants ont été regroupés sur la gauche pour composer une haie. Sur ce côté, la largeur du massif a été accrue pour y planter des houx sur tige *(Ilex* x *altaclerensis)*. Leurs troncs dénudés libèrent du volume dans la partie basse, qui permet la plantation des *Eurya japonica* en intermédiaire, de carex en bordure et de pervenches *(Vinca minor)* en couvre-sol.

APRÈS

Le résultat est vraiment spectaculaire. Tout en obtenant visuellement l'impression d'avoir augmenté le volume et la masse des plantations, on dispose d'un espace dégagé où il est possible de se détendre.

L'exposition ombragée a fait choisir un pavé de béton gris clair comme revêtement de sol. Reflétant la lumière sans briller, cette teinte neutre apporte un éclat certain sans être tonitruante. L'espace pavé signe une touche de modernité bienvenue par son contraste avec la façade en briques un peu vieillotte de l'immeuble. On comprend mieux pourquoi, vis-à-vis de l'architecture de l'appartement, le bois ne se justifiait pas du tout. Le dessin, comme « taillé au carré », mais subtilement adouci par la rondeur des plantes, se caractérise par sa grande richesse végétale. La partie droite est décorée de pots qui montent la garde à côté d'un marronnier existant. Toutes les zones colonisées par les racines des arbres ont été aménagées avec des bacs.

AVANT

APRÈS

L'accueil fleuri et parfumé

Le perron de la porte d'entrée principale de la maison est aménagé en terrasse jardin. Il est délimité par des panneaux de jasmin étoilé *(Trachelospermum jasminoides)* plantés en bacs. Le décor est complété par de grosses potées en résine noire où se mêlent hortensias *(Hydrangea macrophylla)*, morelle faux-jasmin *(Solanum jasminoides)*, abutilons hybrides et fleurs annuelles variées. Ce décor se trouve sur le passage le plus fréquenté, d'où l'importance d'une présence généreusement fleurie et parfumée.

Sur le sol, une vitre bleue permet à la lumière solaire de pénétrer dans la cuisine située en sous-sol. C'est pourquoi l'aménagement de cette partie devait rester sobre sur le plan structurel.

Un savant rapport d'échelle

Formant une avancée sur le jardin au niveau du rez-de-chaussée de la maison, la véranda prolonge la chambre principale et pourrait éventuellement se transformer en un sublime jardin d'hiver. Bien qu'assez complexe, ce jardin s'entretient facilement. C'est dû à l'emploi de matériaux robustes et durables, de plantes peu sensibles aux maladies et aux parasites, dont la rusticité est bien adaptée au climat local et à l'ombre. Leur vitesse de croissance modérée limite la taille à une intervention annuelle tout au plus. Au final, c'est un jardin finement composé de plantes persistantes qui créent une dominante très verte, reposante. Les floraisons se limitent à quelques espèces saisonnières car le manque de luminosité ne permet pas d'employer une palette végétale bien large.

Plantes sculptées

Le mur assez inesthétique sur lequel repose la véranda et le perron, est dissimulé par un massif d'une grande originalité. Des troènes ibota *(Ligustrum delavayanum)* aux tiges dégarnies de hauteurs différentes, surmontées par une boule de petit feuillage serré vert foncé, explosent joyeusement au milieu d'un tapis végétal. Ce dernier est constitué de plantes vivaces variées acceptant les expositions ombragées. On y remarque tout particulièrement *Liriope muscari,* une cousine du muguet, dont les étonnants épis violets s'épanouissent jusqu'en automne. Parmi les fougères, *Polystichum setiferum* 'Plumoso-densum' se remarque par ses frondes très serrées et son port couvre-sol. L'indispensable touche colorée est apportée par les impatiens hybrides qui se complaisent à cette exposition ; elles se mêlent sans complexe au feuillage clair et gracieux de la fleur des elfes *(Epimedium grandiflorum),* qui assurera aussi le décor pendant l'hiver, puisque son feuillage est persistant.

les plantes clés

1 Morelle faux-jasmin
(Solanum jasminoides)
Cette grimpante au feuillage persistant nous enchante par ses nombreuses fleurs blanches ou bleu pâle, qui s'épanouissent de juin à novembre. À protéger l'hiver.

2 Abutilon *(Abutilon x hybridum)*
Cet arbuste tropical constitue un décor estival fleuri très attrayant par ses corolles en clochettes jaunes, rouges ou orange. On peut le conserver dans une véranda l'hiver pour obtenir des sujets plus importants.

3 Impatiens *(Impatiens walleriana)*
Cette vivace frileuse, cultivée comme une annuelle, est la fleur d'excellence des lieux ombragés. Les fleurs s'épanouissent en permanence tant que la plante ne souffre pas de la sécheresse.

4 Liriope *(Liriope muscari)*
Cette vivace asiatique rustique, de 30 cm de haut, forme des grappes estivales bleu violacé qui perdurent jusqu'en automne. Un sol frais à l'ombre est idéal. Traiter les limaces au printemps et en septembre.

5 Nerprun alaterne
(Rhamnus alaternus 'Variegatus')
Cet arbuste au feuillage persistant panaché, coriace, forme un buisson touffu. Sa floraison insignifiante donne des baies rouges, puis noires, qui assurent une nourriture hivernale aux oiseaux. De croissance lente, il apprécie les sols calcaires.

6 Eurya *(Eurya japonica)*
Peu connu, ce cousin des camélias est assez rustique. On l'apprécie surtout pour son feuillage persistant coriace et brillant et sa croissance lente, qui lui permet de former un buisson compact. Ses fruits noirs sont un attrait supplémentaire.

Des claustras en pin autoclavé servent de support à des lierres pour renforcer le rempart végétal à la périphérie du jardin. Dans un grand bac, un pin noir taillé en nuages joue au bonsaï géant. Ce jardin d'une surface de 180 m^2 a nécessité trois semaines de travail à trois personnes, dont plus d'une semaine rien que pour le dallage.

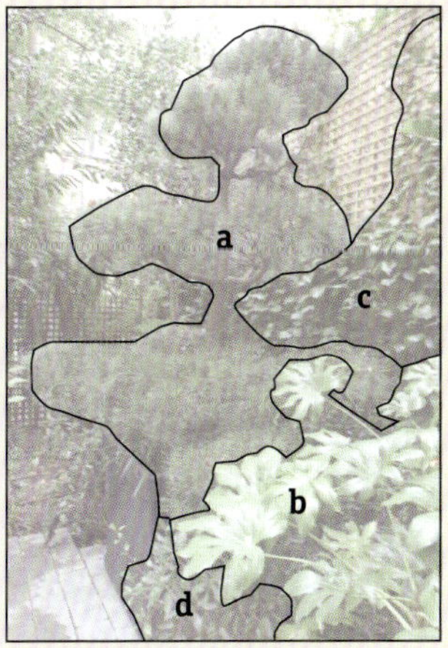

a/ Pin noir *(Pinus nigra)*
b/ Aralia du Japon *(Fatsia japonica)*
c/ Lierre commun *(Hedera helix)*
d/ Osmanthe *(Osmanthus heterophyllus)*

Un mur d'eau qui murmure

Outre l'exiguïté des surfaces qui restreint le choix des végétaux et impose de concevoir le jardin dans un lien étroit avec l'habitation, les aménagements paysagers en ville se heurtent souvent à la présence de murs aveugles. Leur silhouette écrasante doit être estompée par des effets de trompe-l'œil et il faut s'ingénier à trouver des solutions esthétiques pour faire « oublier » ces constructions ; tout en tenant compte de l'ombre dense qu'elles génèrent et avec laquelle il va falloir composer.

Une pompe immergée dans le bassin fait couler l'eau sur le panneau de zinc et rafraîchit l'ambiance. Cela permet à l'érable du Japon de prospérer et aux palmiers d'apporter leur petite touche exotique.

AVANT

APRÈS

Comment transformer un handicap en avantage ? Pour cacher le mur aveugle et laid d'un cabanon de jardin en béton, l'idée d'un décor vertical animé par un écoulement d'eau permanent s'est imposée. Le résultat est une fontaine contemporaine où une lame liquide ruisselle sur un panneau en zinc de 1,50 m de large. Les bassins sont construits en bois exotique traité, à l'intérieur duquel est plaquée une bâche en polyéthylène (liner). La longévité d'une telle réalisation atteint environ 20 ans. Pour parfaire le décor, deux panneaux de treillage encadrent la fontaine. Ils sont habillés de jasmin étoilé parce que c'est, avec le lierre, la seule grimpante à feuillage persistant capable de se tailler au carré et dont on maîtrise parfaitement le développement.

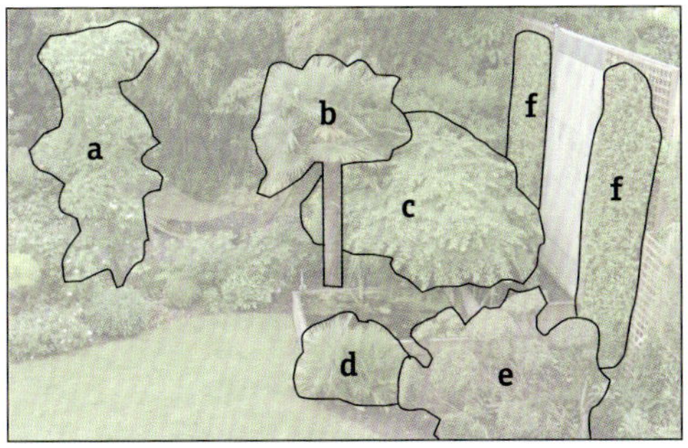

a/ Cornouiller du Pacifique *(Cornus nuttallii)*
b/ Palmier de Chine *(Trachycarpus fortunei)*
c/ Érable du Japon *(Acer palmatum)*
d/ Palmier nain *(Chamaerops humilis)*
e/ Filaria à feuilles étroites *(Phillyrea angustifolia)*
f/ Jasmin étoilé *(Trachelospermum jasminoides)*

Un choix botanique riche et varié, avec un bon équilibre entre les persistants et les caducs, accroît la beauté du lieu. Une touche exotique est apportée par les palmiers et le troène taillé en nuages. Un hamac invite à se laisser bercer par le bruit l'eau.

Un refuge exotique

En ville, la densité des constructions favorise l'existence de zones très abritées qui bénéficient de microclimats étonnamment doux. Alors, pourquoi ne pas en profiter pour composer un décor végétal totalement dépaysant ? Réalisé dans la proche banlieue parisienne, ce jardin tout en opulence de verdure, fait se côtoyer des plantes venues des cinq continents. Il exprime un sentiment d'éloignement et de douceur paisible qui a tout du jardin d'Éden.

Depuis les chambres la vue plonge sur le jardin, ce qui permet d'apprécier l'imposant feuillage de la fougère arborescente, du bananier et de la cordyline. Une ambiance inattendue et spectaculaire qui fait rêver.

LA CONCEPTION DU JARDIN

AVANT

APRÈS

Couvrant une superficie d'environ 300 m², le jardin en forme de L constitue une partie privative du duplex qui occupe le rez-de-chaussée et le premier étage de l'immeuble. Nous sommes dans une propriété située dans la première couronne de la région parisienne. Entouré par les hauts murs des constructions environnantes, le jardin se trouve aussi ombragé par des érables imposants, d'où la tentative avortée d'y faire pousser une pelouse.

La façade, agrémentée de balcons construits en porte-à-faux, forme une sorte de « plafond en plein air » un peu oppressant. C'est particulièrement net du côté de la cuisine qui s'ouvre sur l'extérieur par une grande porte-fenêtre. Ombragée par un surplomb d'environ 2 m de profondeur, la cuisine se trouvait à l'origine totalement déconnectée du jardin. Un paradoxe, puisqu'il s'agit de la seule pièce de l'appartement bénéficiant d'un lien direct avec le jardin !

La situation très abritée des vents dominants et par conséquent protégée des risques de grands froids, était bien sûr propice à la création d'un jardin d'ambiance exotique. Le reportage photographique a été réalisé moins d'un an après la fin des travaux.

Pour retrouver une ambiance intimiste et chaleureuse, il fallait absolument casser la ligne pesante de l'immeuble. Ce rôle a été dévolu à une pergola en bois autoclavé (Piveteau) qui prolonge le balcon. Profitant du surplomb protecteur du balcon, un coin repas en « semi plein-air » a été aménagé, ce qui permet de profiter encore plus du jardin. Les montants de la pergola sont habillés de glycines du Japon blanches *(Wisteria floribunda* 'Alba'), associées à des clématites d'Armand *(Clematis armandii)*, une espèce à floraison précoce (mars-avril), dont le feuillage persistant assure un bel habillage végétal en toute saison. Une grande terrasse en lames de pin traité assure la liaison visuelle et pratique entre le jardin et la maison.

AVANT

APRÈS

Plantations en volume

Pour donner rapidement de l'ampleur à la végétation, un muret en bois surélevé de 50 cm court tout le long de la périphérie du jardin. Cela forme une sorte de massif surélevé dans lequel sont plantés des bambous *(Phyllostachys nigra* 'Boryana'). Entre les cannes vert sombre parsemées de taches brunes de ces bambous, sont disposés des miroirs en plexiglas, collés sur du contreplaqué marine. Ils servent à simuler un effet de profondeur car à cet endroit le jardin ne mesure pas plus de 5 à 6 m de large.
Une bande de terrain a été plantée devant le mur en bois pour le dissimuler et assurer une luxuriance végétale qui vient renforcer l'impression d'exotisme du jardin. Par leur opulence, le bananier du Japon *(Musa basjoo)* et le chou arborescent *(Cordyline australis)* en constituent les points d'orgue.

Vivre dedans, dehors

Dans le L que forme le jardin sur la gauche, une trouée de lumière permet au gazon de croître sans être envahi par la mousse.

Deux arbres rince-bouteille *(Callistemon citrinus)*, dont le pied est habillé d'une touffe de graminée *(Molinia caerulea)* qui jaunit en automne, apportent la petite touche d'exotisme en accord avec le style du jardin. Originaire d'Australie, le *Callistemon,* arbre à feuillage persistant, porte au printemps des inflorescences rouge vif en forme de goupillon. Dans le massif, au pied de la fougère arborescente, on aperçoit une souche de teck transformée en un banc d'aspect naturel. Il se laissera petit à petit recouvrir par la végétation, offrant alors la possibilité de s'asseoir dans une « jungle ». Sur la terrasse, un pot en résine noire accueille un if taillé en nuage.

Terrasse d'été

Parallèle au bâtiment, la partie principale du jardin formait à l'origine une sorte de couloir, dont l'image d'étroitesse un peu écrasante s'est évanouie grâce à la présence d'une seconde terrasse. Sertie par une végétation exubérante, elle bénéficie d'une grande intimité. Cette impression est renforcée par les massifs surélevés. L'unité du matériau (pin autoclavé) contribue à l'harmonie du lieu, qui est utilisé uniquement aux beaux jours. Habillés de jasmin étoilé *(Trachelospermum jasminoides)*, les treillages en bambou se couvrent totalement en juin de bouquets de fleurs blanches qui embaument *(photo ci-contre et en bas à gauche)*. On assiste aussi à une petite remontée de floraison en septembre.

Des décrochés ont été subtilement aménagés dans le dessin de la terrasse, afin de mieux l'intégrer parmi les plantations. De généreuses touffes d'arum d'Éthiopie *(Zantedeschia aethiopica)* prospèrent dans cette ambiance légèrement humide, caractéristique des jardins ombragés. L'ensemble du jardin est arrosé automatiquement par un système de goutte à goutte.

les plantes clés

1 Arum d'Éthiopie
(Zantedeschia aethiopica)
Appréciant les terres riches, humifères, qui restent fraîches en été, cette vivace conserve son feuillage toute l'année si l'hiver n'est pas trop rigoureux. Les fleurs blanches apparaissent durant l'été.

2 Bananier du japon *(Musa basjoo)*
De très loin le plus rustique des bananiers (-15 °C), il atteint rapidement 2 à 3 m de haut. Après avoir fructifié, le pied principal émet plusieurs rejets, puis meurt.

3 Rince-bouteilles *(Callistemon citrinus)*
Dépassant 3 m de haut lorsqu'elle forme un tronc, cette myrtacée australienne conserve son feuillage toute l'année. Ses inflorescences forment des goupillons d'un rouge vif spectaculaire en mai/juin. À protéger du froid vif en hiver.

4 Dasylire *(Dasylirion glaucophyllum)*
Cette plante succulente d'origine mexicaine forme une touffe globuleuse de feuilles étroites, rigides, vert bleuté, terminées par une épine. Tolérant -15 °C, elle ne pose pas de problème de rusticité si le sol est suffisamment sec en hiver.

5 Aralia du Japon *(Fatsia japonica)*
Ses grandes feuilles persistantes vert foncé brillant sont superbes. Il peut dépasser 2 m dans nos régions s'il est bien abrité (minimum -10 °C). Les fleurs blanches, opulentes, sont intéressantes en automne.

6 Fougère arborescente
(Dicksonia antarctica)
Originaire de Tasmanie, cette plante « préhistorique » pousse très lentement, mais certains spécimens forment des stipes de 4 m de haut. Finement découpées, les frondes qui dépassent 2 m de long se renouvellent chaque année. Minimum : -7 °C.

S'appuyant sur un généreux arrière-plan de bambous *(Phyllostachys nigra* 'Boryana'), un beau spécimen de fougère arborescente *(Dicksonia antarctica)* est planté dans un grand pot de résine noire en bordure du salon d'été. Cette plantation en pot accroît la hauteur de la fougère et permet de passer sous son feuillage.

Un petit nid de verdure

Lorsque le terrain disponible se trouve engoncé au milieu d'immeubles imposants, la seule solution consiste à végétaliser au maximum afin d'estomper la présence du bâti. Si, par ailleurs, le voisinage domine visuellement le jardin, les arbres et les arbustes gagnent à être associés à des structures légères (tonnelles, pergolas) couvertes de plantes grimpantes. Elles forment alors des écrans qui permettent à la vie familiale de se dérouler dessous en toute intimité.

Délicieusement embaumée au printemps par les grappes de la glycine (au premier plan, une vigne de Coignet se trouvant au second plan), cette pergola distille une ombre propice à la relaxation.

AVANT

Situé dans le XVIe arrondissement de Paris, cet espace couvre à peine 400 m^2. Il forme un U de verdure autour d'un bâtiment ceint de grands murs et dominé par un immeuble de quatre étages qui bénéficie d'une vue plongeante sur le jardin. Ce dernier est réservé à l'usage privatif de l'appartement situé au rez-de-chaussée. Il est disposé partiellement sur une dalle car un garage se trouve en sous-sol. Le travail du paysagiste a consisté à faire oublier les grands murs et à procurer de l'intimité au milieu de vie.

La partie du terrain se trouvant sur le parking était couverte d'un dallage en pierre, avec un décalage de niveau par rapport au jardin. Toute cette zone a été transformée en terrasse avec des lames de bois pour se retrouver de plain-pied avec l'appartement.

APRÈS

Cette grande terrasse en bois constitue le « centre stratégique » du jardin. Le pin autoclavé est un matériau chaleureux, facile à travailler, d'un excellent rapport qualité-prix, et qui s'accorde bien avec tous les styles d'architecture. Les joints entre les lames permettent une évacuation rapide de l'eau et le bois offre aussi l'avantage de sécher très vite après une pluie. Le niveau final se trouvant légèrement au-dessus de celui du sol, un petit muret en bois de 20 cm de haut ceinture toute la terrasse. Dans le but de le dissimuler aux regards, un câble a été tendu pour servir de support à un jasmin étoilé. À l'extrémité de la terrasse, une pergola couverte d'une vigne de Coignet *(Vitis coignetiae)* protège des regards indiscrets du voisinage.

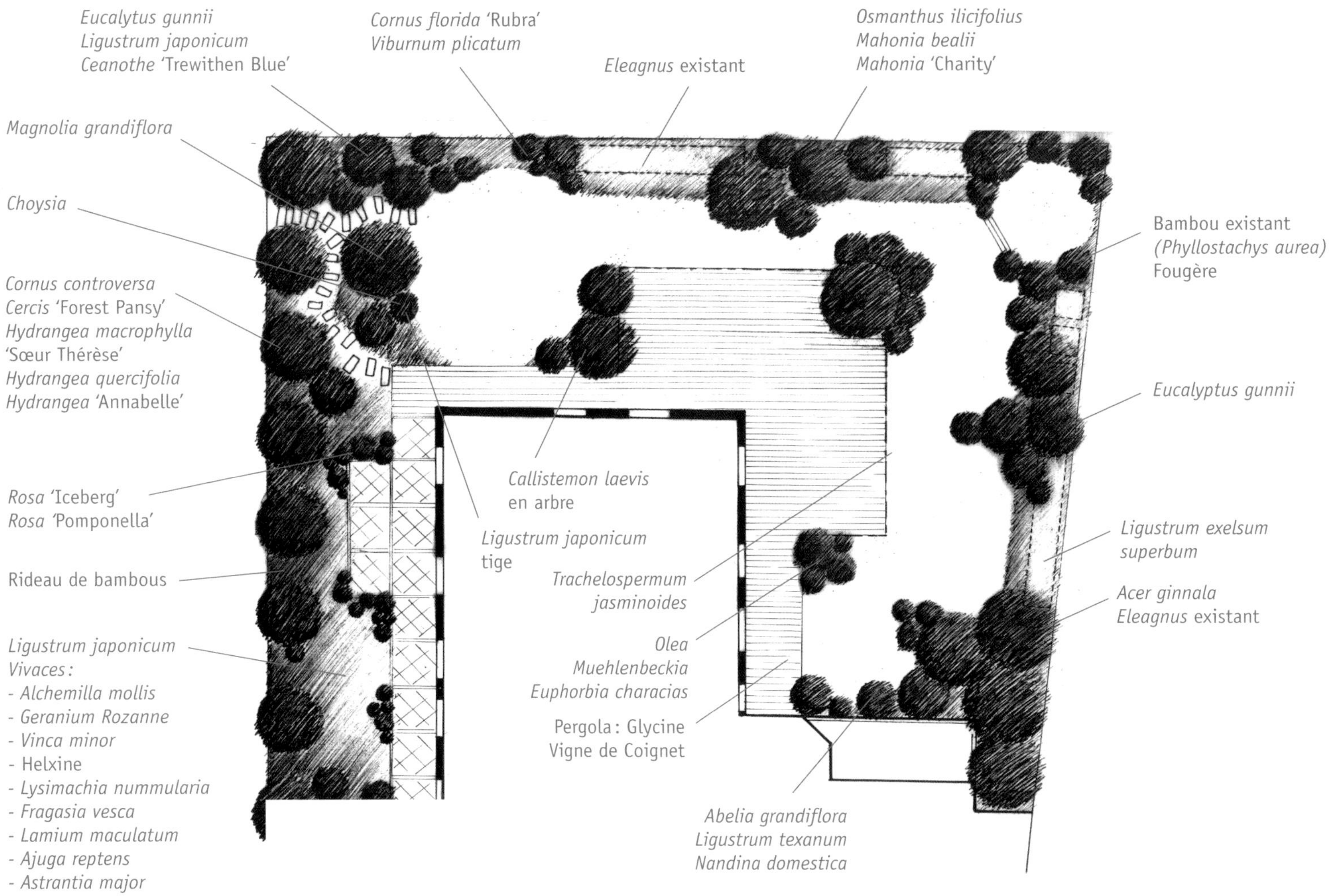

Pour un œil non averti, le plan de masse d'un jardin peut être trompeur. Ici, le dessin suggère une composition régulière, au tracé plutôt classique. Pourtant, une fois sa maturité acquise (sur le reportage photo, les plantations ont 5 ans), son gracieux fouillis traduit bien le souhait de cette famille, qui rêvait d'un jardin réclamant un minimum d'entretien et de style naturel pour masquer l'environnement urbain.
En travaillant sur une base très structurée, dans laquelle il n'y a que des cercles et des angles droits, on architecture le jardin pour bien délimiter les espaces ; ensuite la fantaisie des plantes fait le reste. L'option d'une végétation dense et variée, s'est imposée, en concentrant notamment les plantations sur les 6 m de façade côté rue.

Le plan permet de répartir les masses, de prévoir les circulations et les espaces de détente, mais l'âme du jardin provient des plantes.

La végétation

Le pourtour du jardin forme un écrin protecteur contre le bruit et les regards indiscrets. Un bosquet de bambous *(Phyllostachys aurea)* est doublé par une « forêt » de gommiers bleus *(Eucalyptus gunnii)*, qui constitueront un havre de nature lorsqu'ils dépasseront 10 m de haut, soit environ 6 ans après leur mise en place.

Le long du mur opposé à la pergola, un bosquet dense est constitué d'érables de l'amour *(Acer tataricum* ssp. *ginnala)*, au port érigé, arrondi, et dont le feuillage rougit dès octobre et de troènes de Corée *(Ligustrum lucidum* 'Excelsum Superbum'), au feuillage persistant panaché de jaune d'or.

Dans un renfoncement ménagé au fond du jardin, un grand mimosa *(Acacia dealbata)* a pu être installé en pleine terre. Cinq ans après, il dépasse 10 m de haut. La situation abritée de ce jardin permet d'espérer que cet arbre, qui supporte -7 °C, prospérera, de même que le rince-bouteilles *(Callistemon citrinus* 'Splendens'), aux superbes goupillons rouge vif printaniers.

Dans cette végétation riche et variée, se retrouvent aussi l'arbre de fer *(Parrotia persica)*, au sublime feuillage multicolore en automne, le magnolia à grandes fleurs *(Magnolia grandiflora)*, avec son large feuillage persistant vert foncé vernissé, et de somptueuses fleurs en coupes charnues ivoire qui s'épanouissent en été.

Détente solitaire

Comme le dit joliment Pierre-Alexandre Risser : « le jardin en ville, c'est un petit confetti de nature ». Cette expression s'illustre parfaitement sur cette mini-terrasse isolée de l'autre côté du jardin. Totalement invisible de l'extérieur grâce au rideau de bambous, la scène est éclairée par le feuillage panaché du cornouiller des pagodes (*Cornus controversa* 'Variegata'), qui apporte un véritable éclat de clarté, très appréciable à l'ombre. Il valorise dans le même temps le pourpre foncé du gainier du Canada (*Cercis canadensis* 'Forest Pansy'). Quelques rosiers anciens apportent une note parfumée, en attendant que l'hortensia à feuilles de chêne (*Hydrangea quercifolia*) s'empourpre à l'automne.

AVANT

La seconde partie du jardin a bénéficié d'un aménagement de style identique de manière à conserver une harmonie globale. Sur la terrasse en bois, des pots en résine noire accueillent olivier et parrotia. Très compact, le massif d'arbustes associe des espèces à feuillage persistant : escallonia, abélia, ombragées par un troène du Japon sur tige.

APRÈS

les plantes clés

1 Gommier bleu *(Eucalyptus gunnii)*
Originaire d'Australie, c'est l'eucalyptus le plus rustique (- 19 °C). Les feuilles sont d'un bleu acier très vif. Croissance très rapide en tout sol, même sec.

2 Arbre de fer *(Parrotia persica)*
Le feuillage de ce petit arbre devient jaune d'or en automne, puis rouge orangé, tout en conservant des marques de vert pour un effet exceptionnel. Planter en sol plutôt acide qui reste frais durant l'été.

3 Cornouiller des pagodes
(Cornus controversa 'Variegata')
Caractérisé par sa végétation étagée aux branches horizontales, cet arbre peut dépasser 10 m de haut, mais il pousse assez lentement. Sol frais, plutôt acide, exposition ombragée de préférence.

4 Cheveux de Vénus
(Muehlenbeckia complexa)
Cette vivace néo-zélandaise porte un feuillage semi-persistant sur des tiges grêles qui s'enchevêtrent. La végétation très dense forme un tapis compact. Excellent couvre-sol pour l'ombre en tout sol, même sec.

5 Fétuque glauque
(Festuca glauca 'Blaufuchs')
Cette petite herbe vivace et rustique forme un coussin arrondi de 30 cm, au feuillage bleu acier. Elle apprécie les sols secs et calcaires, en plein soleil.

6 Lamier *(Lamium maculatum* 'Beacon Silver')
Excellent couvre-sol pour les zones ombragées, cette vivace rampante se pare d'un feuillage vert argenté qui disparaît en hiver. De mai à juillet, les petits épis rose pourpre contrastent joliment avec le feuillage très lumineux. Sol humifère.

1

2

3

4

5

6

Cet heureux mariage de feuillages caducs et persistants, aux nuances différemment colorées, assure un joli décor permanent et qui évolue au fil des saisons.

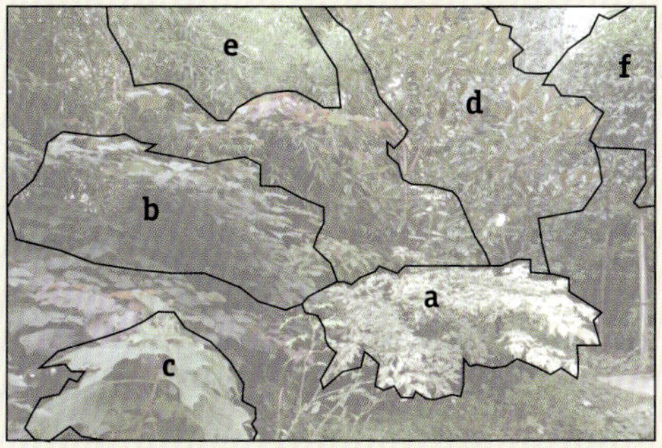

a/ Cornouiller des pagodes *(Cornus controversa 'Variegata')*

b/ Gainier du Canada *(Cercis canadensis 'Forest Pansy')*

c/ Hydrangéa à feuilles de chêne *(Hydrangea quercifolia)*

d/ Magnolia persistant *(Magnolia grandiflora)*

e/ Bambou doré *(Phyllostachys aurea)*

f/ Troène du Japon *(Ligustrum japonicum)*

Farniente dans la verdure

Autrefois considéré comme un simple élément d'embellissement et de décoration, le jardin est devenu aujourd'hui un espace à vivre, lieu de rencontre et de détente pour toute la famille et les amis. La touche ornementale est induite dans un environnement végétal harmonieux, mais les aménagements priment et mettent l'accent sur l'aspect pratique et le confort, pour le bien-être de tous.

Un grand bac en bois planté de bambous et d'un palmier sert de dossier à une banquette pour un moment de détente agréable dans une ambiance exotique totalement déconnectée du monde extérieur.

AVANT

Au cœur d'une ville de proche banlieue, une jolie maison bourgeoise est agrémentée d'un jardin de 300 m². Toutefois, la propriété se trouve cernée par un grand hôpital et des immeubles imposants qui constituent des vis-à-vis disgracieux.
Vivant dans la maison depuis de nombreuses années, les propriétaires ont entrepris d'importants travaux de rénovation de l'habitat. Ils en ont profité pour réhabiliter le jardin, dans le but de le transformer en espace à vivre en plein air pour les beaux jours.
L'idée d'une grande terrasse en pin autoclavé s'est immédiatement imposée par son aspect chaleureux, rapide à mettre en œuvre et facile d'entretien. Dans le but de faire disparaître partiellement le voisinage, un rideau de bambous a été constitué.

JUSTE APRÈS LA CRÉATION

Dès la fin des travaux, la terrasse est opérationnelle et permet aux propriétaires de vivre en plein air dans un cadre de verdure à l'abri des regards.

Afin que les plantations atteignent tout de suite une hauteur satisfaisante pour jouer leur rôle de brise-vue, un imposant bac en bois de 1 m de haut a été construit pour y accueillir les bambous en position surélevée. Des banquettes ont été aménagées dans le prolongement de cette « jardinière géante », dont la partie supérieure sert de dossier pour un confort d'assise maximal.

Coupant la ligne de la longue banquette (2,50 m) dans une parfaite symétrie, un bassin intègre une fontaine discrète qui laisse s'écouler de l'eau sur un larmier. La source semble sourdre naturellement du bosquet de bambous *(Phyllostachys aurea)*, dans un contexte végétal, accentué par les deux touffes retombantes de jasmin étoilé *(Trachelospermum jasminoides)*.

UN AN APRÈS

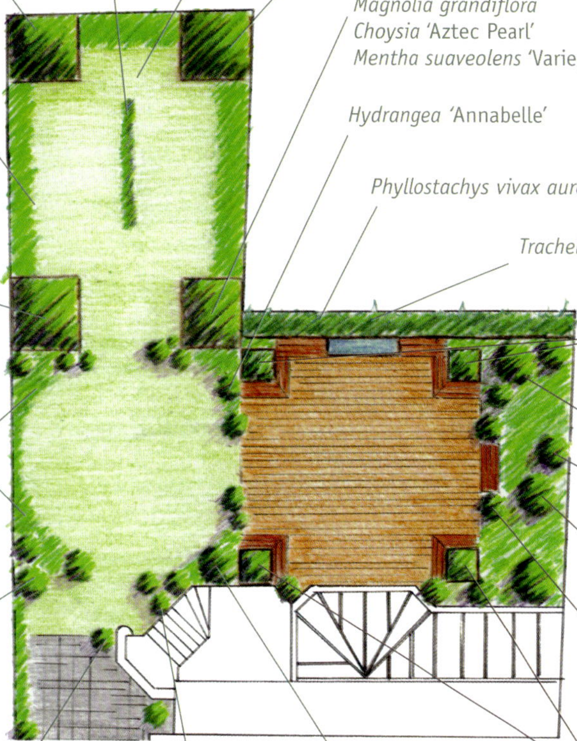

Le jardin évoluant en espace de vie et de réception, le plan d'aménagement a inscrit la terrasse dans le prolongement du rez-de-chaussée de la maison sans aucune coupure. On circule à l'aise sur l'espace dégagé suffisamment vaste. Très astucieuse, la banquette intégrée permet de disposer à tout moment d'un espace de détente, sans avoir à sortir et à rentrer le mobilier de jardin.

Entre le projet sur papier et la réalisation, quelques évolutions sont à noter. Les quatre jardinières d'angle, qui accueillent des palmiers côté bambous et des oliviers côté maison, n'ont finalement pas été accompagnées d'un banc, ce qui allège visuellement la partie construite. L'équilibre des masses et des volumes est assuré par les banquettes situées de part et d'autre du bassin.

La maison, qui s'orne désormais d'une jolie verrière, bénéficie d'une vue plongeante sur la terrasse et permet d'en apprécier les plantations. Au pied des palmiers *(Trachycarpus fortunei)*, des bambous sacrés *(Nandina domestica)* apportent une petite touche de couleur et des euphorbes *(Euphorbia characias)* un brin de fantaisie. Un bon équilibre s'impose entre feuillages caducs et persistants. Cela permet de profiter de généreuses floraisons entre avril et octobre, avec entre autres les orangers du Mexique *(Choisya ternata)*, les gros hortensias blancs *(Hydrangea arborescens* 'Annabelle'*)* et différentes variétés de rosiers. L'ambiance est à la fois généreuse et décontractée, la dominante blanche des fleurs apportant une note de douceur et d'apaisement fort bienvenus.

Les végétaux ont été plantés en bacs pour accroître l'effet de volume. Ainsi, les oliviers parviennent déjà au niveau du 1er étage, le reportage photo ayant été réalisé quelques mois après la fin des travaux.

les plantes clés

1 Hydrangéa paniculé
(Hydrangea paniculata)
Cet arbuste buissonnant, au développement assez ample et souple, porte d'août à octobre d'imposantes inflorescences blanches ou roses. Son feuillage se pare ensuite de très jolies teintes automnales.

2 Palmier de Chine *(Trachycarpus fortunei)*
Supportant - 19 °C, c'est à coup sûr le plus rustique de tous les palmiers. Il développe un stipe (tronc) couvert de longues fibres brunes, d'où le nom « palmier chanvre » qui lui est parfois donné. Plein soleil.

3 Lin de Nouvelle-Zélande *(Phormium)*
Cette plante vivace aux longues feuilles en forme de glaive s'orne de couleurs très variées selon les cultivars. Il lui faut une exposition chaude, ensoleillée, abritée des vents dominants. Sol sec, léger, poreux.

4 Hydrangéa 'Annabelle'
(Hydrangea arborescens 'Annabelle')
Caractérisé par ses très grosses têtes sphériques qui atteignent jusqu'à 30 cm de diamètre, cet hortensia forme une touffe buissonnante de 1,50 m de haut. Ses tiges souples doivent être rabattues très court chaque année pour bien refleurir.

5 Euphorbe *(Euphorbia characias)*
Parée d'un feuillage persistant d'un beau glauque, cette vivace tout à fait rustique épanouit des fleurs vert-jaune de mars à juin. La touffe élégante mesure un bon mètre de hauteur. Sol riche, bien drainé.

6 Acanthe *(Acanthus mollis)*
Cette superbe vivace au port ample se reconnaît à ses feuilles très découpées qui ont inspiré les architectes de l'Antiquité dans leurs décorations. Dès le mois de juin, les épis floraux épineux blanc pourpré attirent les insectes pollinisateurs.

Vestige de l'ancien jardin, ce petit coin situé à l'opposé de la maison, est destiné à masquer le tas de compost et la remise à outils. C'est un espace partiellement isolé, conçu un peu comme une chambre de verdure, où l'on peut aussi cultiver des aromatiques ou quelques fleurs à bouquets.

a/ Bambou doré
(Phyllostachys aurea)
b/ Hydrangéa paniculé
(Hydrangea paniculata)
c/ Hydrangéa 'Annabelle'
(Hydrangea arborescens 'Annabelle')
d/ Lin de Nouvelle-Zélande
(Phormium 'Platt's Black')
e/ Acanthe *(Acanthus mollis)*

Harmonie en clair-obscur

Très souvent ombragés, les jardins en ville manquent foncièrement d'éclat, d'où la nécessité d'intervenir sur deux niveaux. D'abord la taille, qui contraint les arbres à conserver des proportions raisonnables et permet de dégager des trouées qui laissent entrer le soleil. Ensuite, le choix des végétaux, dont les couleurs judicieusement choisies vont former des taches lumineuses.

–

Bien qu'il soit exposé plein sud, ce petit jardin est fortement ombragé par de grands arbres. Une touche de lumière est apportée par un élégant *Cornus controversa* 'Variegata' aux branches étagées.

Situé dans la région parisienne, en rez-de-chaussée d'immeuble, ce jardin, qui aujourd'hui a un peu plus de 7 ans, couvre 300 m². Bien qu'il soit exposé plein sud, le terrain est fortement ombragé par de grands arbres (érables et marronniers) situés sur les propriétés voisines. Cette ombre dense limite le choix des végétaux et pose obligatoirement des problèmes de croissance.

Un rideau de bouleaux a été planté pour former un bosquet qui crée une liaison subtile avec les arbres alentour. Les propriétaires appréciant les couleurs vives, le ton est donné par des fleurs saisonnières (impatiens, bégonia, pélargonium). La scène est joliment éclairée par le feuillage panaché du cornouiller des pagodes *(Cornus controversa* 'Variegata'*)* qui apprécie bien l'ombre.

Les potées de laurier rose, ajoutées par les propriétaires, manquent de lumière et fleurissent peu. En revanche, les mahonias (à droite) ne posent pas de problème.

les plantes clés

1 Laurier rose *(Nerium oleander)*
Incontournable dans les jardins du Midi, cet arbuste réussit bien en ville car il ne craint pas la pollution. Il a besoin du plein soleil pour fleurir en abondance tout l'été. Certaines variétés sont parfumées, mais attention, c'est une plante très toxique !

2 Anémone du Japon *(Anemone x hybrida)*
Cette gracieuse vivace, qui dépasse 1 m de haut, forme une touffe décontractée de feuilles découpées. Elle porte en automne des fleurs en coupes larges. Culture facile à l'ombre dans un sol profond, humifère.

3 Lamier *(Lamium maculatum* 'White Nancy')
Remarquable couvre-sol qui accepte bien les expositions très ombragées, cette vivace parfaitement rustique se pare d'un beau feuillage argenté, mais caduc. Belle floraison blanche de mai à juillet. Sol frais.

4 Fuchsia grimpant *(Fuchsia regia* subsp. *reitzii)*
Considéré comme le plus rustique des fuchsias (-20 °C), il peut mesurer 4 m dans les régions au climat doux s'il est palissé sur un mur mi-ombragé. Floraison tardive, sol riche et profond, en évitant la concurrence des autres plantes.

5 Géranium vivace *(Geranium* 'Ockney Pink')
Bénéficiant d'un feuillage persistant, cette vivace d'une grande rusticité forme un tapis végétal très intéressant pour son abondante floraison de juin aux gelées. Tailler court au printemps, sol léger, frais.

6 Helxine *(Soleirolia soleirolii)*
Avec ses feuilles minuscules et très denses qui lui donnent un aspect de mousse, cette vivace couvre-sol est idéale pour former un tapis végétal, vert toute l'année. L'ombre dense est bien tolérée, si le sol reste assez humide et la température pas trop froide.

7 **Camélia** *(Camellia japonica)*
Cet arbuste au feuillage persistant vernissé apprécie l'abri naturel prodigué par les frondaisons et supporte bien l'ombre. Un sol acide, frais, humifère est nécessaire. le camélia ne doit pas manquer d'humidité dès lors que ses boutons sont formés.

8 **Bouleau** *(Betula utilis* var. *jacquemontii)*
Paré de son inimitable écorce blanche, cet arbre aux dimensions assez raisonnables a toute sa place dans un jardin. Son port gracieux et son feuillage d'or en automne constituent de sérieux atouts. Sol frais.

9 **Pittospore** *(Pittosporum tobira* 'Variegata'*)*
Formant naturellement une boule assez compacte de feuilles persistantes coriaces, cet arbuste, qui apprécie le climat du Midi, se couvre en mai de fleurs blanches qui embaument. Sol riche, souple, mi-ombre.

10 **Mahonia béalei** *(Mahonia japonica)*
Très élégant avec son feuillage persistant joliment découpé, cet arbuste au port d'abord érigé, puis ample, porte durant l'hiver des grappes de fleurs jaune d'or. Il réussit bien à l'ombre et en sol calcaire.

11 **Bambou sacré** *(Nandina domestica)*
D'une végétation assez compacte, cet arbuste au feuillage persistant prend de très jolies teintes bronze en automne. Dans le courant du printemps, il porte des grappes blanches suivies de baies rouges. Superbe !

12 **Cornouiller des pagodes**
(Cornus controversa 'Variegata'*)*
Originaire de Chine et du Japon, cet arbre à feuillage caduc pousse assez lentement et accepte les expositions ombragées. C'est dans ces conditions que sa forme panachée exprime le mieux son intensité lumineuse.

Optimisation de l'espace

En associant une bonne dose de sens pratique avec un brin de créativité, il est possible de transformer en jardin l'endroit le plus incongru et la surface la plus exiguë. Ici, un minuscule jardinet a pris une nouvelle dimension, grâce à la métamorphose de la descente de garage en une terrasse très conviviale. Un agencement sobre dessine une vraie pièce d'extérieur dans un environnement végétal assez luxuriant.

Posée sur une descente de garage, une salle à manger d'extérieur bénéficie d'une position dominante d'où l'on apprécie, protégé par l'écran parfumé d'un jasmin étoilé, des plantations variées.

AVANT

APRÈS

Le garage de cette maison de ville étant inutilisé, l'idée a consisté à transformer l'espace libre en jardin d'accueil et de réception. La descente du garage a été recouverte d'un plan horizontal pour créer un véritable jardin. La terrasse est couverte par des lames en bois exotique (ipé). Elles sont fixées sur des lambourdes horizontales qui reposent sur des pieux distants de 1 m, et scellés dans le béton. Des grands pots en résine noire ponctuent l'escalier d'accès à la maison et au perron. Le coloris sombre des contenants réduit leur présence visuelle, ce qui valorise mieux l'attractivité des végétaux. Les plantes ne seront pas rempotées avant cinq ans. Elles reçoivent un engrais longue durée au printemps et un surfaçage avec un fertilisant organique en automne.

Une simple porte donne
désormais accès
à l'ancien garage qui sert
de pièce de rangement.
La position surélevée
de la terrasse accentue
l'importance du jardin.

les plantes clés

1 Gommier bleu *(Eucalyptus gunnii)*
Résistant sans problème à l'hiver, cet eucalyptus se caractérise par ses feuilles juvéniles rondes d'un bleu glauque soutenu. Elles prennent une forme plus allongée chez les sujets adultes. Doté d'une croissance extrêmement rapide, cet arbre supporte sans problème une taille sévère.

2 Camélia d'automne *(Camellia sasanqua)*
Les tiges souples de cette espèce japonaise se palissent très facilement, d'où son utilisation courante en panneau vertical.
Les fleurs roses ou blanches selon les cultivars apparaissent dès octobre et parfois en plein hiver. Elles exhalent un parfum très agréable et subtil. Croissance assez rapide.

3 Plante curry *(Helichrysum italicum)*
Ce sous-arbrisseau buissonnant d'environ 60 cm de haut est garni de petites feuilles linéaires gris argenté. Elles dégagent une forte odeur d'épices lorsqu'on les froisse. En été, la plante porte des fleurs globuleuses jaunes qui contrastent bien avec le feuillage. Pour le plein soleil en sol sec.

4 Clématite d'Armand *(Clematis armandii)*
Outre sa croissance rapide et sa faculté à couvrir de façon homogène son support, cette grimpante généreuse se caractérise par son feuillage persistant, coriace, vert très foncé. Les petites étoiles blanches s'épanouissent en bouquet dès le mois de mars. À protéger des très grands froids.

5 Scabieuse de Crête *(Scabiosa cretica)*
Bénéficiant d'un feuillage persistant vert grisâtre, légèrement duveteux, cette plante vivace forme une touffe compacte arrondie de 60 cm de haut. Du printemps au milieu de l'été se succèdent des fleurs mauves en capitules. Très bonne résistance au sec.

a/ Camélia d'automne *(Camellia sasanqua)*
b/ Pittospore *(Pittosporum tobira)*
c/ Plante curry *(Helichrysum italicum)*
d/ Scabieuse de Crête *(Scabiosa cretica)*

Originaire du Japon, le Camélia d'automne *(Camellia sasanqua)* développe au printemps des petites feuilles nuancées d'acajou. Il supporte mieux les sols un peu calcaires et les expositions ensoleillées que le camélia à grandes fleurs *(Camellia japonica)*.

La nature bien ordonnancée

Dès que l'on dispose d'un peu d'espace, les plantations se font plus généreuses et leur fantaisie naturelle suffit souvent à structurer le jardin. Tout l'art du paysagiste consiste à maîtriser le débordement de vie végétale et surtout à faire en sorte que tous les éléments se trouvent bien à leur place. Un bon rapport d'équilibre doit être trouvé avec l'habitation et il faut penser aussi aux circulations.

En point d'orgue d'une grande allée gazonnée, un banal pavillon de banlieue s'est habillé de bois pour se fondre dans un foisonnement végétal riche et varié qui fleurit joliment en toutes saisons.

AVANT

APRÈS

Dans la grande banlieue parisienne, sur un site épargné par l'urbanisation, un pavillon, somme toute banal, semblait comme posé dans le jardin ; ce dernier ayant bien du mal à s'harmoniser avec la construction. Pour établir le lien, la maison a été habillée d'un bardage de bois en pin autoclavé et devant la façade, un rideau de bambous de 10 m de haut a été planté.

Dans le but d'éviter tout effet de lourdeur et surtout pour permettre à la lumière de pénétrer dans la maison, les cannes des bambous *(Phyllostachys viridiglaucescens)* sont débarrassées de leur feuillage depuis la base jusqu'à 5 à 6 m de haut.
Chaque année, la touffe est aérée en coupant au sécateur les nouvelles pousses latérales qui se sont formées sur les cannes.

Au premier étage, le balcon existe toujours, mais la rambarde a été remplacée par des bacs. On bénéficie d'une grande intimité grâce à la végétation luxuriante des bambous qui se trouvent à la hauteur idéale.

Baignade naturelle

La maison étant isolée en haut du jardin, elle sert de point de fuite pour la ligne générale des plantations. Mieux intégrée dans le paysage grâce à la modification des ouvertures et au bardage de bois, elle domine la propriété mais ne l'écrase pas. Le jardin est divisé en deux par une pelouse centrale. Sur la gauche, des massifs d'arbustes et de vivaces changent de visage au fil des saisons.

À droite, une baignade naturelle s'intègre complètement dans le décor du jardin. La technologie encore récente s'améliore chaque année. Par exemple, elle a nécessité un apport de 100 m^3 de pouzzolane ; aujourd'hui 10 m^3 suffiraient. Après une attaque d'algues vertes au premier printemps, une pompe à oxygène a été ajoutée, ce qui a suffi pour résoudre le problème.

Coin potager

Sur le côté cuisine de la maison (à droite) se dissimule le potager. Une pergola toute simple, en rondins de bois, a été construite contre le pignon est, assurant un habillage décoratif qui renforce l'aspect rustique du bardage. Cette pergola est partiellement couverte de généreux rosiers grimpants qui viennent agréablement parfumer l'ambiance durant tout le mois de juin.

Dans l'espace alentour, des bacs cubiques de 80 cm de côté ont été réalisés en lames de bois autoclavé, imputrescible. Ils constituent un potager surélevé, à la fois esthétique et bien commode pour limiter les cultures aux besoins réels de la famille et réduire les efforts d'entretien. Ces bacs sont remplis uniquement avec du terreau, ce qui assure une croissance rapide aux légumes et par conséquent une meilleure saveur. Chaque année, le sol est remis à niveau par un surfaçage de nouveau terreau et cela donne de bons résultats.

Dans un potager en ville, les tomates sont incontournables, surtout les variétés « cerises » qui ne demandent pas de taille. Ici, les carrés accueillent aussi différentes salades à couper : roquette, laitue 'Feuille de Chêne' et chicorée 'Rouge de Vérone', jeunes pousses d'épinards et de betterave. On y cultive également carottes et courgettes, le tout agrémenté de nombreuses capucines.

Transparence végétale

Lorsqu'il s'inscrit en ville, un jardin a toujours son petit côté secret. C'est un lieu de retraite partagé seulement avec les intimes, un endroit que l'on aime savoir à l'abri des regards indiscrets. Cette quasi clandestinité peut aussi être recherchée pour la maison. Dans ce cas, le jardin sert d'écrin, de paravent élégant, discret, efficace pour apporter une petite touche mystérieuse au logis.

Des plantations généreuses mais bien maîtrisées dissimulent astucieusement un mur imposant. Des percées dans la végétation laissent apercevoir les fenêtres pour bénéficier d'un éclairage inattendu.

LA CONCEPTION DU JARDIN

AVANT

EN COURS DE PLANTATION

200 m² au bout d'une impasse du XVe arrondissement de Paris ont été transformés en une véritable pièce d'extérieur où il fait bon recevoir. La vocation première du jardin a été de dissimuler la façade pesante de l'immeuble mitoyen. Restait aussi à cacher, sans les obstruer, les carreaux de verre qui apportent de la lumière dans l'habitation. Des bambous ont résolu le problème.

Les propriétaires désiraient absolument une pelouse dans la partie centrale. Mais ce n'était guère raisonnable en raison de l'exposition ombragée de la propriété. Le résultat s'étant bien évidement avéré désastreux, un an plus tard, le sol a été recouvert d'un concassé de béton, parsemé de touffes de barbe de serpent *(Ophiopogon japonicus)*, symbolisant un peu une prairie.

APRÈS

Réalisé en janvier 2004, le jardin
est aujourd'hui mature. Il constitue un
véritable écran végétal qui protège bien
du voisinage.

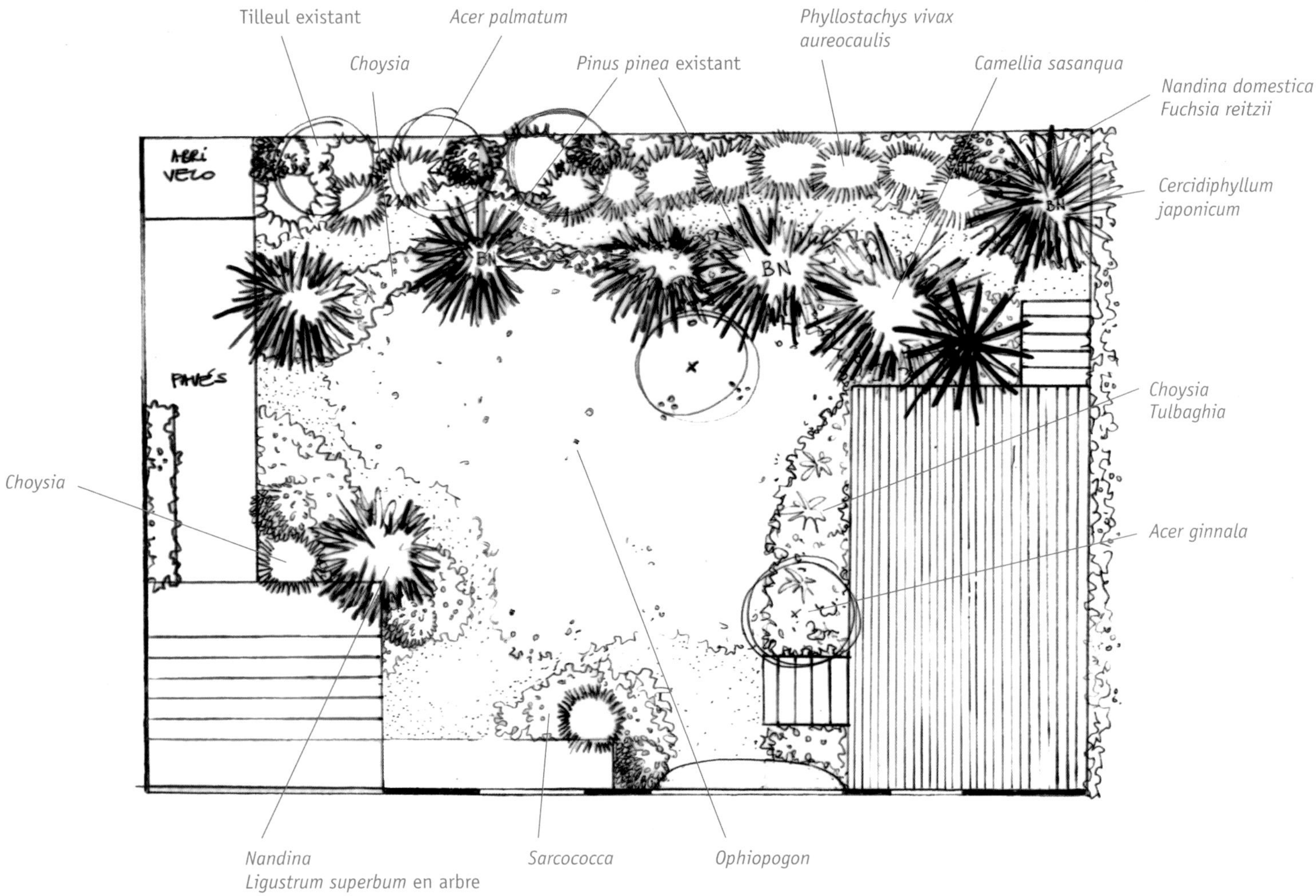

En raison de la surface assez limitée, mais aussi pour bien traduire la volonté de transformer le jardin en un lieu d'accueil, le plan a été ébauché sur un concept bien structuré. Il se répartit globalement en trois : une zone bien dégagée au centre pour l'accessibilité et la mobilité, une grande terrasse à droite pour la réception et la détente et des plantations tout le long de la maison.

Le tracé du jardin est simple et classique. On pénètre dans la maison par le portail et on accède à la terrasse depuis la cuisine. Un double rang de bambous et d'arbustes permet de camoufler le mur d'en face, tout en conservant une certaine transparence. En premier plan de ce massif, sont disséminés divers arbustes bas qui estompent un petit sentier qui fait le tour du jardin.

Lieu de détente et d'agrément, la terrasse, qui mesure 9 m de long et 6 m de large, est construite en lames d'ipé *(Tabebuia spp.)*, un bois au grain fin, qui résiste parfaitement aux intempéries.

La terrasse

Contiguë à la cuisine, la terrasse constitue le point stratégique d'où l'on peut admirer l'ensemble du jardin. En raison d'une dénivellation d'environ 90 cm, la mise en place de quelques marches a été nécessaire. Il aurait sans doute été préférable d'établir la terrasse au niveau de la cuisine en la surélevant, mais cette solution étant plus coûteuse, elle n'a pas été adoptée.

Dans un si petit espace, les plantations peuvent devenir rapidement écrasantes, ce qui n'est pas le cas ici, grâce aux végétaux choisis. Au premier plan, reconnaissable à ses feuilles à trois pointes, l'érable du fleuve Amour *(Acer taparicum sub sp. ginnala)* pousse lentement, résiste aux maladies et accepte la taille en hiver. Son feuillage rouge vermillon en automne est une splendeur.

Sous les ombrages

Le sol recouvert d'un lit de concassé de béton ne nuit pas à la stabilité d'une petite table style bistrot. Ce matériau, d'un coloris totalement neutre, est beaucoup plus appréciable à l'usage que les gravillons car il ne roule pas sous les pieds. Une couverture minérale du sol de ce type permet de circuler dans le jardin par tous les temps sans risquer de s'embourber.

Dominant le portail de son port altier tout en légèreté, un érable du Japon *(Acer palmatum* 'Sangokaku') a été sélectionné pour son tronc à l'écorce corail et son feuillage vert clair qui évolue en un magnifique orangé lumineux en automne. Il a nécessité un apport de terre de bruyère, mais il apprécie l'exposition ombragée de l'endroit.

Au premier plan, on reconnaît le feuillage composé aux jolies nuances bronze d'un bambou sacré *(Nandina domestica)*. Il dissimule partiellement un jeune hydrangéa *(Hydrangea paniculata)*, dont les inflorescences blanches font de très gracieux bouquets que l'on peut faire sécher. Les bambous *(Phyllostachys vivax* 'Aureocaulis') sont reconnaissables à leur chaume doré.

Sur la gauche, au pied d'un pin parasol *(Pinus pinea)*, qui était présent avant la plantation du jardin, un oranger du Mexique *(Choisya ternata* 'Aztec Pearl') forme une boule compacte qui se couvre de fleurs blanches très parfumées en mai–juin.

les plantes clés

1 **Érable du Japon** *(Acer palmatum)*
Le cultivar 'Sangokaku', appelé aussi parfois 'Senkaki' ou 'Corallinum', forme un petit arbre compact, qui dépasse rarement 3 m de haut. Les feuilles palmées sont sublimes en automne. Sol acide et frais.

2 **Érable de l'Amour** *(Acer ginnala)*
Pouvant atteindre 6 m de haut, cet arbre bien érigé montre une excellente résistance aux parasites et aux maladies. Rougissant à l'automne, il accepte bien les exposition demi-ombragées. Tous sols.

3 **Oranger du Mexique** *(Choisya ternata)*
Avec ses feuilles étroites vert franc, le cultivar 'Aztec Pearl' se reconnaît entre tous. Il forme une boule homogène qui, au milieu du printemps, se couvre de fleurs blanches au parfum de fleur d'oranger. Il peut être taillé à loisir et réussit fort bien en bac. Sol de préférence léger, riche.

4 **Bambou** *(Phyllostachys vivax* 'Aureocaulis'*)*
Résistant bien au froid (-18 °C), il forme des cannes jaune doré, parfois légèrement striées de vert. Dépassant 10 m de haut, il doit être abrité des forts vents dominants car son bois est cassant. Sol profond, humifère, frais.

5 **Barbe de serpent** *(Ophiopogon japonicus)*
Formant une belle touffe gazonnante de feuilles herbacées, coriaces, cette vivace un peu frileuse réussit bien à l'ombre. Les fleurs lavande clair sont suivies de baies bleu métallique originales. Sol acide, frais.

6 **Troène de Chine** *(Ligustrum lucidum)*
Avec son feuillage semi-persistant, panaché de jaune, le cultivar 'Exelsum Superbum' porte bien son nom. Il peut former un petit arbre et vient bien à l'ombre.

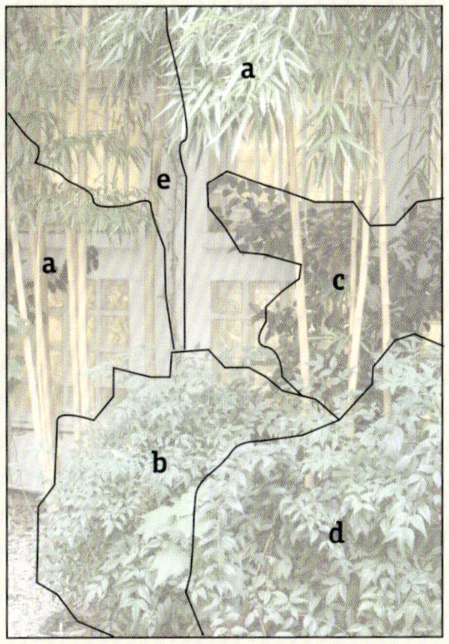

a/ Bambou doré *(Phyllostachys vivax* 'Aureocaulis')
b/ Bambou sacré *(Nandina domestica)*
c/ Jasmin étoilé *(Trachelospermum jasminoides)*
d/ Fuchsia grimpant *(Fuchsia regia reitzii)*
e/ Morelle faux-jasmin *(Solanum jasminoides)*

En débarrassant soigneusement les cannes des bambous de tout leur feuillage sur les deux tiers de leur hauteur environ, on met en valeur la beauté des chaumes, tout en bénéficiant de manière subtile de l'effet lumineux produit par les carreaux de verre de la construction voisine.

Petite touche méditerranéenne

Pourquoi ne pas profiter du microclimat de douceur généré par l'environnement urbain, pour composer un espace qui rappelle la Côte d'Azur ? Le jardin permet alors de composer un décor qui évoque les vacances. En s'affranchissant des contraintes écologiques, puisque la nature est ici absente, le jardin en ville permet au paysagiste de libérer toute sa créativité. Quant au propriétaire, il peut goûter, aux beaux jours, les joies d'un dépaysement propice à la relaxation.

Figuier, cyprès de Provence, palmier de Chine, l'ambiance autour de cette terrasse est résolument méditerranéenne, l'idée étant de profiter, même en région parisienne, d'un espace totalement réconfortant.

AVANT

APRÈS

Nous sommes dans la région parisienne. La propriété, qui couvre à peine 400 m^2, ressemblait à une cour goudronnée un peu triste, décorée d'une grande pelouse carrée et d'un marronnier assez imposant.
Le premier aménagement a consisté à remplacer une grande partie de la surface en bitume par une terrasse carrée en bois, qui prolonge désormais directement le salon.

Le reste de la partie goudronnée a été recouvert avec du concassé de béton, ce qui permet une circulation par tous les temps. Ce granulat très décoratif est fort intéressant car il provient du recyclage. Il a suffi ensuite de creuser d'importantes fosses de plantation pour accueillir: laurier rose, palmier, olivier, cyprès de Provence, ce qui donne à l'endroit un caractère méditerranéen.

En automne, la coloration saisonnière des feuillages caducs s'oppose aux teintes neutres et immuables des persistants, surtout représentés par des espèces méditerranéennes.

les plantes clés

1 Laurier rose *(Nerium oleander)*
Cet arbuste au long feuillage persistant, coriace, porte tout l'été des bouquets de fleurs blanches, roses ou saumon, parfois odorantes. Résistant à la sécheresse, il faut l'exposer en plein soleil. Minimum : - 10 °C.

2 Cyprès *(Cupressus sempervirens 'Stricta')*
Formant une étroite colonne de verdure qui peut atteindre 10 m de haut, ce conifère compact résiste bien au vent, à la pollution et à la sécheresse. On peut le cultiver en bac.

3 Lavande *(Lavandula angustifolia)*
Plante passe-partout des terrains secs, ce sous-arbrisseau forme une boule de feuilles linéaires, aromatiques, gris argenté. Au début de l'été, les fleurs bien parfumées attirent les pollinisateurs. Très rustique en sol sec et pauvre, plutôt calcaire.

4 Olivier *(Olea europaea)*
Arbre légendaire, symbole de la Provence et d'une longévité impérissable, il forme en vieillissant un superbe tronc noueux. Le feuillage persistant, coriace, se pare d'un vert glauque très élégant. Sol sec et calcaire de préférence. Minimum : - 15 °C.

5 Palmier nain *(Chamaerops humilis)*
D'origine méditerranéenne, ce palmier forme de nombreux rejets, ce qui lui permet de constituer une touffe opulente qui dépasse rarement 2 m dans les jardins. Dans un sol drainé, il supporte - 12 °C.

6 Althéa *(Hibiscus syriacus)*
Grande vedette de l'été en raison de sa floraison éblouissante aux coloris variés selon les cultivars, cet arbuste à feuillage caduc est parfaitement rustique. Il faut le tailler court chaque année. Sol profond, riche.

Pour que la table se trouve au niveau de la terrasse, il a fallu décaisser de la terre car le terrain s'inclinait en pente douce. Un muret droit a été monté pour séparer l'espace en deux zones désormais horizontales. Dans le même temps, cela a permis de gagner de la place à cet endroit précis. Le muret, habillé de jasmin étoilé *(Trachelospermum jasminoides)* délimite aussi une terrasse. Elle accueille un discret cabanon de jardin en bois qui respecte l'harmonie générale des matériaux. Toute cette partie dédiée à la convivialité bénéficie d'un ombrage, très appréciable en été.

Sympathique jardin d'accueil

Les premiers pas que le visiteur effectue dans le jardin de façade influencent son opinion générale sur les propriétaires des lieux. C'est dire l'importance des quelques mètres carrés qui, dans la majorité des pavillons d'aujourd'hui, assurent la liaison entre l'habitation et le monde extérieur. C'est aussi, pour les occupants du lieu, une façon de prendre plaisir à retrouver leur foyer.

Un espace stabilisé qui sert de parking, une minéralité un peu « zen », mais un dessin géométrique et tout autour une profusion végétale, cette entrée associe astucieusement esthétique et pratique.

AVANT

Dans un jardin de lotissement, le challenge pour le paysagiste consiste à faire « oublier » la présence rapprochée du voisinage, en concentrant le regard sur les plantes. L'objectif était ici de générer une notion d'espace, tout en accédant de manière confortable à la maison. Servant aussi le soir de parking pour deux véhicules, toute la partie dégagée a été stabilisée avec de la grave-ciment (appelée aussi béton sec), qui constitue un solide revêtement drainant. Il s'agit d'un mélange de sable, de gravier et de ciment que l'on étend sur une épaisseur de 10 cm. Le matériau est ensuite damé à sec. Il va se lier avec l'humidité et procurer une assise qui conserve une certaine souplesse. On évite ainsi tout problème de fissures comme cela se produit avec une chape en béton.

APRÈS

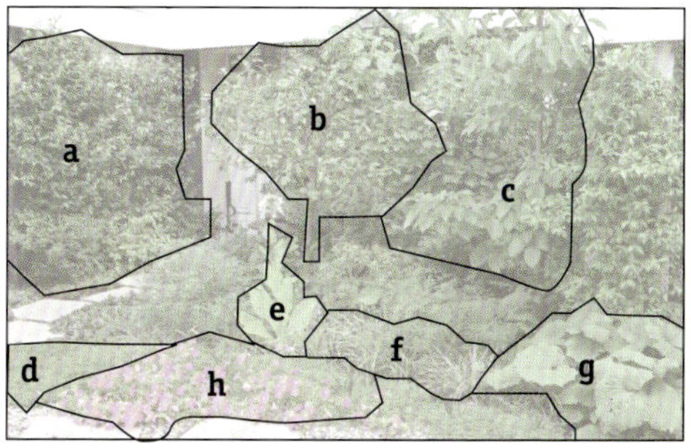

a/ Jasmin étoilé *(Trachelospermum jasminoides)*
b/ Camélia *(Camellia japonica)*
c/ Cornouiller des pagodes *(Cornus controversa)*
d/ Gazon turc *(Saxifraga hypnoides)*
e/ Tabac décoratif *(Nicotiana sylvestris)*
f/ Laîche *(Carex morrowii)*
g/ Tussilage *(Tussilago farfara)*
h/ Pétunias *(Petunia x hybrides)*

L'entrée de la maison est en partie dissimulée par une riche végétation. On y accède par un dallage en « pas japonais », qui permet de garder les pieds au sec en toutes circonstances. Le massif en renfoncement accueille une grande diversité végétale qui foisonne généreusement.

Seules les lignes géométriques garantissent une bonne organisation dans un petit jardin. En raison de la construction par blocs de la maison, un tracé rectangulaire ou carré aurait eu un effet déstructurant. Le cercle central permet une lecture plus facile du jardin et lui apporte une certaine cohésion. Il est constitué de grandes dalles « Bradstone Manoir », d'une esthétique indiscutable.

Ainsi, la zone dégagée n'est pas vide, elle conditionne même le style du jardin, tout en jouant un rôle pratique. Les plantations sont repoussées sur la périphérie avec des arbres bien structurés *(Cornus controversa, Magnolia grandiflora)* pour dissimuler les lignes de faîtage des maisons alentour. Ils procurent un sentiment d'intimité, le regard s'arrêtant sur leur frondaison.

Une « jungle estivale » avec canne à sucre pourpre, abutilon, balsamine de l'Himalaya, canna, génère une profusion de végétation dont l'aspect exotique enchante le lieu.

Sur un fond de *Phyllostachys viridiglaucescens* se détache un rosier tige 'Yesterday' qui émerge d'un groupe de *Choisya ternata* 'Aztec Pearl'.

Couleurs automnales

Les propriétaires étant passionnés par les végétaux, la densité des plantations est ici nettement supérieure à la moyenne. Le choix s'est porté sur des espèces à fort intérêt ornemental, mais qui ne nécessitent pas beaucoup d'entretien. La priorité n'a pas été donnée aux persistants, le décor évolue donc au fil des saisons.

L'illustration est évidente sur cette image automnale où le feuillage du cornouiller des pagodes *(Cornus controversa)* a pris une belle teinte dorée. Cet embrasement saisonnier est renforcé par la fructification des bambous sacrés *(Nandina domestica)*.

Le sol est tapissé d'un mélange de laîches *(Carex morrowii* 'Ice Dance'), euphorbes de Corse *(Euphorbia myrsinites)* et lamiers *(Lamium maculatum* 'White Nancy').

En arrière-plan se trouve un chèvrefeuille arbustif *(Lonicera maackii)* qui porte en mai des fleurs blanches délicieusement parfumées, mais éphémères.

Le jardin se prolonge côté rue avec, entre autres, un spectaculaire arbre à perruques *(Cotinus coggygria* 'Grace'), qui a pris également sa parure automnale, aux superbes accents de pourpre et de cuivre.

Variation de saison

Dans ce jardin, les plantations évoluent chaque année, et même parfois selon les saisons, de manière à composer un décor jamais figé. Comme l'endroit se pare d'une petite note exotique, donnée par la palissade en bambou de style japonais que l'on aperçoit au fond, elle se retrouve aussi dans le choix des végétaux.

Sur un arrière-plan de chèvrefeuille arbustif *(Lonicera maackii)* et de cornouiller panaché (*Cornus alternifolia* 'Argentea'), se détachent les généreux toupets des cordylines *(Cordyline australis* 'Pink Passion'). Ces plantes très frileuses doivent être tenues à l'abri du gel. Elles sont donc installées dans le jardin en mai, puis arrachées, empotées et abritées dans une véranda à partir de la mi-octobre. Leur panache aux couleurs étonnantes est bien mis en valeur par le feuillage bronze et très fin des touffes de laîches de Buchan *(Carex buchananii* 'Chocolate'). Ces gracieuses vivaces à feuillage persistant étant originaires de Nouvelle-Zélande, elles craignent également les grands froids (minimum - 10 °C).

Au premier plan, notez la floraison originale du trop méconnu faux-hortensia *(Dichroa febrifuga)*. Cet arbuste à feuillage persistant, originaire du Népal, fait partie des plantes les plus importantes de la pharmacopée chinoise. Il apprécie les sols acides et les expositions mi-ombragées.

les plantes clés

1 Cornouiller *(Cornus controversa)*
Ce très bel arbre aux branches étagées est surtout connu par sa variété à feuillage panaché. Toutefois, l'espèce type est très intéressante pour sa vigueur supérieure et son feuillage bien coloré en automne.

2 Laîche (*Carex morowii* 'Ice Dance')
Formant une touffe herbacée de feuilles persistantes assez coriaces et finement striées, cette vivace parfaitement rustique supporte tous les types de sols et d'expositions. Elle peut se montrer envahissante.

3 Chèvrefeuille *(Lonicera maackii)*
Cet arbuste ample, de croissance rapide, dépasse 3 m de haut. Ses branches portées en oblique se couvrent sur toute leur longueur de fleurs blanches assez éphémères, mais délicieusement parfumées. Il est conseillé de bien le tailler vers la fin juin.

4 Euphorbe *(Euphorbia myrsinites)*
Ne dépassant pas 20 cm de haut, mais s'étalant sur 50 cm, cette vivace conserve toute l'année son feuillage charnu vert glauque. Elle se pare au printemps de fleurs jaune-vert qui forment un bien joli contraste. Plantation en sol sec, au soleil.

5 Lamier (*Lamium* 'White Nancy')
En forme de cœur, les feuilles argent bordé de vert de cette vivace couvre-sol, forment un tapis régulier, ponctué de grappes de fleurs blanches de mai à juillet. À cultiver en sol léger, humifère, sans soleil direct.

6 Cordyline (*Cordyline* 'Pink Passion')
Ce cultivar très récent se caractérise par une coloration inhabituelle et lumineuse du feuillage. La plante forme un tronc unique terminé par un panache de feuilles persistantes linéaires. Hauteur jusqu'à 3 m en climat doux.

Vu depuis l'étage de la maison, le jardin d'accueil met bien en évidence l'harmonie entre les parties minérales et végétales. Le sentier d'accès à la porte d'entrée s'imbrique parmi les plantes, dont le parfum des floraisons salue le visiteur. On laisse subtilement les couvre-sol mordre le dallage pour en estomper les contours, ce qui confère au jardin une note plus naturelle.

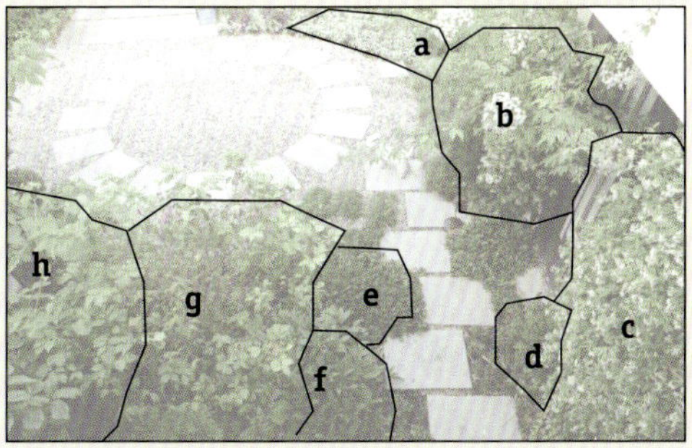

a/ Lamier *(Lamium 'White Nancy')*
b/ Rosier liane *(Rosa filipes 'Kifsgate')*
c/ Jasmin étoilé *(Trachelospermum jasminoides)*
d/ Sarcocoque *(Sarcococca ruscifolia)*
e/ Bugle rampante *(Ajuga reptans)*
f/ Viorne de David *(Viburnum davidii)*
g/ Camélia *(Camellia japonica)*
h/ Cornouiller du Pacifique *(Cornus nuttallii)*

Le naturel en liberté

Rien n'est plus difficile que d'imiter la nature sans la caricaturer. Dans un environnement très urbanisé, concevoir un jardin « au goût sauvage » permet de composer un espace de vie chaleureux et où l'on se sent bien. La profusion végétale qu'induit ce type de jardin est propice à l'apparition d'une foule de « passagers clandestins »: oiseaux, insectes, hérissons, voire batraciens, dont personne n'oserait imaginer la sympathique présence.

Dans un jardin « patchwork », les végétaux imposants et gracieux comme ce miscanthus, structurent chaque scène pour juste suggérer la suivante et ne pas créer de zones nettement délimitées.

AVANT

Après vingt ans, ce petit jardin de banlieue avait besoin d'une nouvelle structure.
Ici, les quelque 250 m^2 étaient occupés par un capharnaüm de plantes vivaces qui prospéraient dans un joyeux fouillis, quasi oppressant. Il fallait donc créer une « respiration », en dégageant la vue. La solution d'apparente simplicité aurait été de créer une pelouse bien homogène.

Mais le gazon nécessite un entretien assez contraignant et une exposition ensoleillée, deux conditions qui n'étaient pas réunies. Ensuite, la disposition des plantations alentour suggérait un jardin de style naturel, un petit écrin de verdure qui permette de s'isoler visuellement du voisinage. Toute la végétation existante a donc été éliminée afin de recomposer un décor plus structuré.

APRÈS

Environ un an après l'intervention du paysagiste, la végétation a pris de l'ampleur et forme une couronne sympathique autour de la partie centrale dégagée. Elle est occupée par un céanothe qui a été éliminé depuis.

Un chemin ombragé

Outre la zone dégagée située devant la véranda, la partie à aménager se composait d'un « couloir de verdure ». Pour bien asseoir le décor et le structurer, les parties dégagées s'articulent en deux cercles contigus qui dessinent une sorte de huit. Dans le cas présent, les arrondis s'intègrent plus aisément au concept d'un jardin de style « sauvage ». Sur le passage ombragé par d'imposantes touffes de bambou *(Phyllostachys viridiglaucescens)* âgées d'une bonne trentaine d'années, le sol est couvert de concassé de béton. Ce revêtement permet le passage d'un aspirateur de feuilles, sans risque d'être absorbé par l'appareil. Prolongeant la palissade en bambou, un cerisier du Tibet *(Prunus serrula)* fait admirer son écorce rouge qui s'exfolie avec élégance.

Une zone d'accueil

Dans un subtil compromis, l'aménagement final satisfait visuellement la création d'espace, tout en conservant l'ambiance foisonnante et naturelle à laquelle les propriétaires étaient attachés depuis toujours. Un nombre important de plantes existantes ont été conservées en raison de leur intérêt intrinsèque, notamment de superbes cornouillers à fleurs *(Cornus kousa)*.

L'ambiance calme et reposante du lieu est renforcée par le revêtement de sol en pétales d'ardoise, lien d'inspiration naturelle avec les plantations. Ce paillis minéral est présent dans les deux cercles de la partie la plus dégagée. Tout comme le concassé de béton près des bambous, les pétales d'ardoise sont posés sur un feutre géotextile. Cela limite la prolifération des mauvaises herbes et conserve un sol praticable par tous les temps, en empêchant l'ardoise de se mélanger à la terre. Les limites entre minéral et végétal restent floues grâce aux touffes d'herbe aux goutteux *(Aegopodium podagraria* 'Variegata'), dont le feuillage panaché contraste avec le bleu violacé de l'ardoise.

La scène est encadrée à gauche par un gainier du Canada à feuillage pourpre *(Cercis canadensis* 'Forest Pansy') et à droite par un physocarpe *(Physocarpus opulifolius* 'Diabolo'), dont le feuillage pourpre verdit en fin de saison avant de s'embraser d'orange.

les plantes clés

1 Germandrée *(Teucrium fruticans)*
Ce petit buisson touffu atteint 1,50 m de haut s'il n'est pas détruit par une forte gelée. Son feuillage persistant, d'un beau blanc soyeux au revers, met bien en valeur les fleurs bleu clair de juin à septembre.

2 Cornouiller à fleurs *(Cornus kousa)*
Cet arbrisseau bien branchu, de 3 à 4 m de haut, porte en juin des fleurs en étoiles ivoire ou roses chez le cultivar 'Satomi'. En septembre, les fruits qui ressemblent à une fraise sont comestibles et décoratifs. Sol frais et acide, exposition mi-ombragée.

3 Bambou *(Phyllostachys viridiglaucescens)*
Très résistante au froid, cette espèce assez traçante forme des chaumes verts bien droits qui dépassent 10 m de haut. Le feuillage est légèrement glauque. Sol riche humifère et profond, qui reste frais en été.

4 Cerisier du Tibet *(Prunus serrula)*
Mesurant de 6 à 8 m de haut, ce petit arbre se caractérise par son écorce d'un superbe rouge acajou qui se desquame en fines bandes horizontales, donnant l'impression qu'elle est striée de vert. De croissance lente, il aime la mi-ombre.

5 Physocarpe (*Physocarpus* 'Dart's Gold')
Cet arbuste caduc, de croissance rapide, forme un buisson touffu aux feuilles jaune d'or ou chocolat chez le cultivar 'Diabolo'. En juin, les fleurs en ombelles blanches attirent les pollinisateurs. Sol ordinaire.

6 Eulalie (*Miscanthus sinensis* 'Silberfeder')
Formant une généreuse touffe herbacée qui atteint 1,80 m de haut, cette graminée se pare d'un feuillage fin marqué d'une ligne centrale blanche. À la fin de l'été naissent de superbes épis plumeux, gris argenté.

Bien que la végétation reste riche et très diversifiée, la véranda, qui sert de jardin d'hiver, est désormais bien dégagée et même accessible depuis le jardin. Le choix d'un minimum de feuillages persistants permet d'apprécier une véritable métamorphose du jardin à chaque saison. L'arrosage est automatique. Seule vraie contrainte : la lutte farouche contre les limaces.

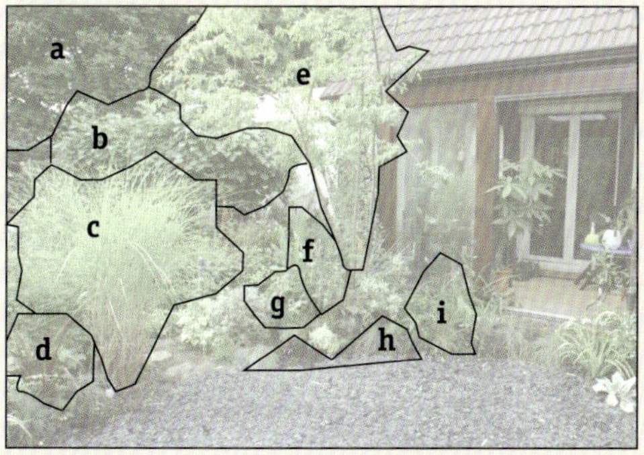

a/ Érable sycomore *(Acer pseudoplatanus)*
b/ Kiwi *(Actinidia deliciosa)*
c/ Eulalie *(Miscanthus sinensis* 'Silberfeder')
d/ Lin de Nouvelle-Zélande *(Phormium* 'Bronze Baby')
e/ Érable du fleuve Amour *(Acer tataricum subsp. ginnala)*
f/ Longose *(Hedychium gardnerianum)*
g/ Germandrée *(Teucrium fruticans)*
h/ Fétuque glauque *(Festuca ovina* var. *glauca)*
i/ Tulbaghia *(Tulbaghia violacea)*

TERRASSES

Réception au septième ciel

Agrandir son espace de vie, tout en bénéficiant d'une position dominante détachée du mouvement trépidant de la ville, fait partie des privilèges rares offerts par une terrasse. Lorsque le promontoire se transforme en refuge et que les écrans occultent l'environnement, il se crée une étonnante alchimie où l'image un peu surfaite de la pièce de plein air prend réellement corps et nous ravit.

Sur une grande terrasse avec des vis-à-vis, l'aménagement sur deux niveaux accentue l'intimité du coin repas car la végétation surélevée prend une ampleur inattendue. Tranquillité garantie !

AVANT

Dans cet immeuble ancien situé à Paris, il devenait urgent de remettre à neuf la terrasse. L'important sur ce type de projet est de s'assurer de l'étanchéité parfaite du revêtement, ce qui nécessite l'intervention d'un spécialiste. La conduite des travaux a été assurée par un architecte, ce qui constitue une certaine sécurité sur le plan technique. Ayant beaucoup voyagé, les propriétaires souhaitaient apporter une touche d'exotisme dans un univers végétal qui fasse oublier la ville. Sur le plan paysager, il a fallu d'abord composer avec la construction elle-même — cage d'escalier, machinerie d'ascenseur, cheminées constituant des obstacles incontournables — puis avec l'environnement, car contrairement à une idée reçue, la vue sur une terrasse est rarement bien dégagée.

APRÈS

Pour constituer un écran qui protège à la fois des vents dominants et du voisinage, il faut privilégier les végétaux à feuillage persistant. La touche « évasion » a été donnée par les espèces dites « semi-rustiques » : olivier *(Olea europaea)*, pittospore du Japon *(Pittosporum tobira)*, magnolia persistant *(Magnolia grandiflora)*. L'expérience confirme qu'ils ne posent pas de problème dans Paris intra-muros, s'ils ne sont pas dans les courants d'air et que les contenants sont suffisamment grands. Le caillebotis a été posé par l'étancheur. L'extrémité de la terrasse a été surélevée pour former une sorte d'estrade permettant de dissimuler de grands bacs : surdimensionnés, ils permettent une croissance rapide de la végétation, confortant ainsi l'ambiance exotique souhaitée.

Cache-misère végétal

Le décrochement dans le mur accueille une guérite de terrasse, sorte d'abri en bois de 1 m de large et 1,20 m de profondeur qui permet de ranger tout le nécessaire d'entretien ou la vaisselle pour les repas.
Des pots « Cycas haut » (Poterie Ravel) habillent en beauté l'angle du mur. Leur ligne élégante à la silhouette sobre, mais originale, accueille des bambous sacrés *(Nandina domestica)*. Dans le grand bac en bois un abélia *(Abelia* x *grandiflora)*, arbuste persistant qui offre l'avantage d'une durée de floraison exceptionnelle de mai à fin octobre, et un hortensia *(Hydrangea arborescens* 'Annabelle'), donnent vie au mur inesthétique. À leur côté, dans un pot, un cornouiller à fleurs *(Cornus kousa)* se pare de ses fruits qui ressemblent à des fraises.

L'aménagement paysager d'une terrasse se construit principalement dans la dissimulation. Il faut cacher la rambarde pour donner l'impression d'un vrai jardin. Il est également nécessaire de casser la monotonie de cet espace le plus souvent tout en longueur. Il suffit pour cela de varier la forme, les dimensions des contenants et la nature des plantations, comme ici la poterie accueillant un palmier de Chine *(Trachycarpus fortunei)*, qui s'inscrit entre deux grands bacs rectangulaires aux végétaux variés. Au fond, pour valoriser la terrasse surélevée, un pot planté d'un grand olivier a été positionné de chaque côté de l'escalier. On peut observer que la végétation plantée dans le bac surdimentionné de la partie surélevée est plus opulente. Une idée à retenir !

Un long couloir verdoyant

Bien souvent, les appartements modernes sont agrémentés d'un espace extérieur que l'on ne peut pas vraiment qualifier de terrasse en raison de son étroitesse, mais qui dépasse en superficie les dimensions d'un balcon ordinaire. Il faut alors trouver un compromis astucieux qui permettra de profiter du plein air aux beaux jours, tout en aménageant un décor végétal très agréable à regarder en toute saison depuis l'intérieur.

Une végétation méditerranéenne propice à l'évasion, une exposition bien ensoleillée et une totale discrétion, permettent, aux beaux jours, d'utiliser cette terrasse comme solarium très relaxant.

AVANT

APRÈS

À Paris, dans un quartier calme mais très construit, un vaste balcon d'environ 2,50 m de large ceinture un bel appartement sur près de 80 m^2. Tout en longueur, cet espace extérieur, qui donne sur un autre immeuble, prolonge de plain-pied le logement d'où il est visible depuis l'ensemble des pièces.
Pour éviter toute monotonie, ce « jardin suspendu » a été divisé en deux parties de style bien différent. Devant le salon et la chambre des parents, un caillebotis en pin autoclavé transforme l'endroit en terrasse conviviale. La pergola en béton existait. Sa lourde structure est dissimulée par des magnolias persistants *(Magnolia grandiflora)* et se laisse envahir par des plantes grimpantes et une verdure généreuse. Une fois assis, on oublie que l'on se trouve en ville.

La densité des plantations estompe en douceur la lourdeur architecturale. La végétation crée un environnement agréable dans une nature généreuse qui préserve aussi l'intimité.

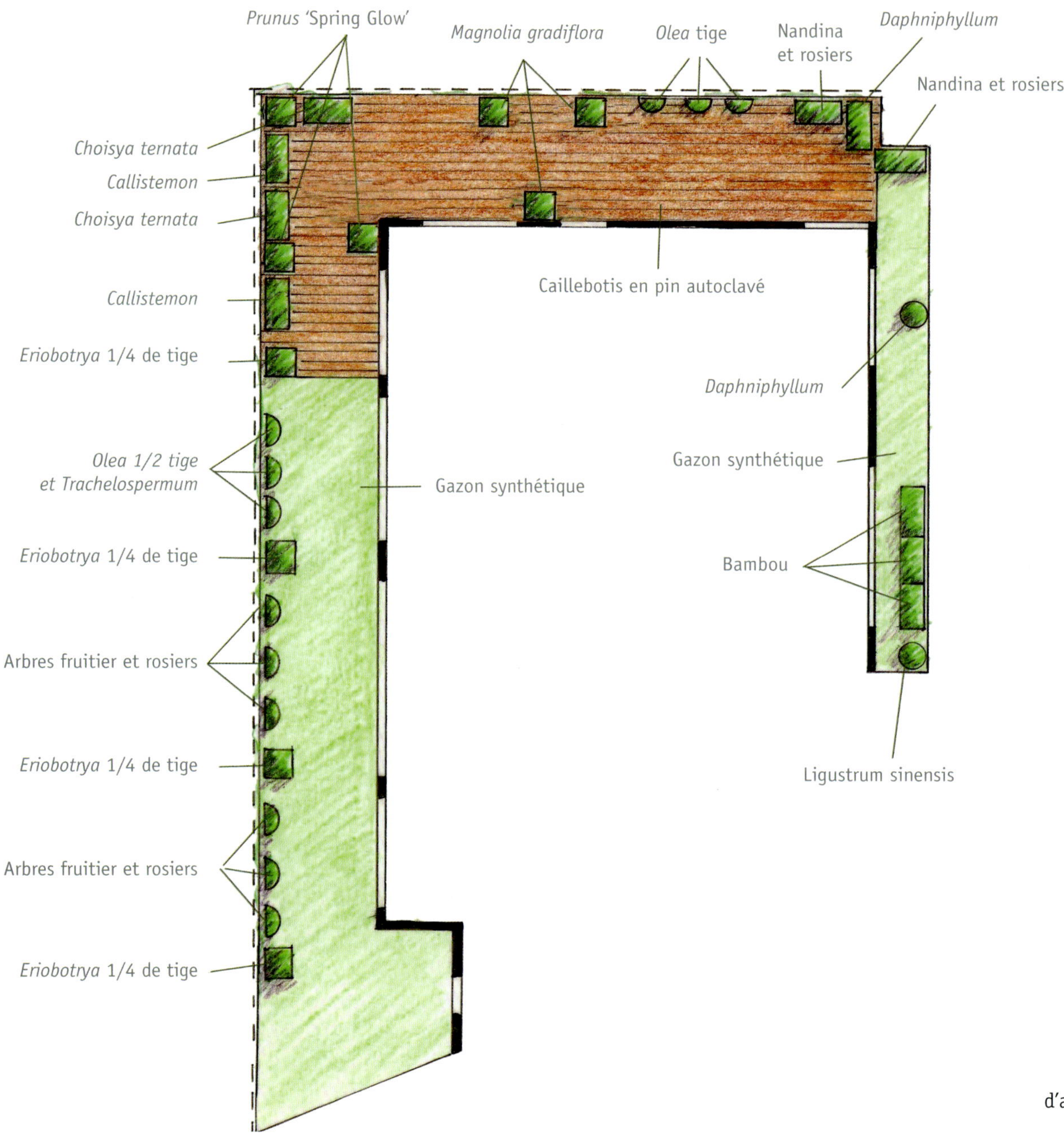

La terrasse en bois se prolonge par une partie d'aspect plus jardiné, avec une pelouse (synthétique) et de grands bacs généreusement plantés d'arbustes variés.

AVANT

APRÈS

Végétation exubérante

Hormis l'espace terrasse recouvert de bois, le sol du balcon se pare d'un gazon synthétique de qualité (www.mapelouse.com). Outre son aspect décoratif indéniable, sa texture souple procure une sensation agréable lorsqu'on se déplace sur le balcon. Dans une telle situation, la création d'un gazon naturel est bien sûr totalement impossible.

Les bacs en résine accueillent des plantes imposantes (bambous, lin de Nouvelle-Zélande) pour former un pare-vue décoratif. Les claustras de 1,50 m de haut assurent une protection pour les enfants, le garde-corps d'origine s'étant avéré insuffisant. Les bacs reçoivent un lit de drainage, un feutre horticole et sont remplis de terreau pour jardinière.

Grâce à l'arrosage automatique programmé, l'entretien des plantes est réduit au minimum.

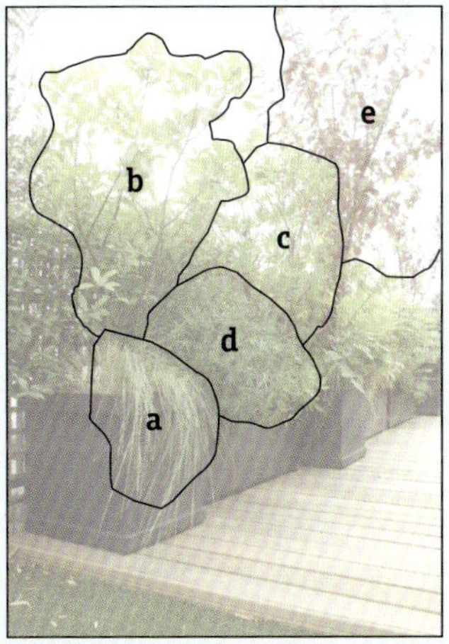

a/ Souchet penché *(Scirpus cernuus)*
b/ Magnolia caduc *(Magnolia soulangeana)*
c/ Faux daphné *(Daphniphyllum macropodum)*
d/ Oranger du Mexique *(Choisya* 'Aztec Pearl'*)*
e/ Cerisier pourpre *(Prunus* 'Spring Glow'*)*

Un jardin sur le toit

Privilège absolu, la terrasse privative transformée en lieu de réception végétalisé illustre dans une version moderne, l'image fantasmatique des jardins suspendus de Babylone. En ville, le véritable luxe étant l'espace, il faut en optimiser l'usage en dosant avec subtilité les zones à vivre et les plantations. Outre leur apport ornemental, ces dernières créent un véritable microclimat.

Totalement isolée du bruit, du vent et des regards par un écran végétal, cette immense terrasse illustre la tendance « pièce d'extérieur » qui est dévolue aujourd'hui au jardin. Un véritable espace de vie.

AVANT

APRÈS

Dans un milieu très urbanisé, entouré d'immeubles, cette très grande terrasse a bénéficié d'une nouvelle étanchéité réalisée par un professionnel. Une fois toute la surface mise à l'abri de l'eau, elle a été recouverte de grandes dalles en bois exotique (ipé). À droite de la porte-fenêtre, une pergola atténue la construction trop imposante. Sa simple présence allège l'architecture.

Les plantations sont réalisées dans des grands bacs en bois profonds de 50 cm. Ils permettent à des érables du Japon et à un figuier de prospérer. L'habillage de grimpantes est constitué de rosiers et de clématites. En bac, les meilleures variétés de rosiers sarmenteux sont: 'Mermaid', 'Cécile Brunner', 'Ghislaine de Féligonde', 'New Dawn', 'Sourire d'Orchidée' et 'Jasmina'.

Les gros hortensias ‘Sœur Thérèse’ fleurissent blanc et virent au vieux rose en automne. Ils sont dominés par un figuier, dont on retrouve le pendant sur le mur d’en face afin de créer une certaine unité dans le décor.

AVANT

APRÈS

S'isoler des voisins

La terrasse s'exposant beaucoup aux vis-à-vis, des rideaux de bambous à chaume doré *Phyllostachys aurea* constituent des écrans particulièrement efficaces (photo page de gauche). Devant (ci-dessous), des bacs en résine noire accueillent un *Magnolia grandiflora* à feuillage persistant et des fleurs estivales roses et blanches (impatiens).

Pour éviter l'impression inesthétique d'un mur végétal trop homogène, viennent s'intercaler des panneaux de jasmin étoilé, *Trachelospermum jasminoides* (ci-dessous, à droite). Leur feuillage également persistant isole efficacement des regards. Plantés dans les grands bacs en bois, ils sont soulignés par des jardinières de campanules bleues.

La pergola

Une fois attablé sous la pergola, la sensation d'intimité prévaut grâce à la générosité de la végétation. La convivialité est renforcée par la présence de fruitiers variés : figuier, cerisier (dans le bac noir), mais aussi des arbustes à petits fruits disséminés un peu partout.
Toutes les plantations bénéficient d'un arrosage automatique au goutte-à-goutte. Le bon dosage est calculé en chronométrant le temps nécessaire à l'eau pour s'écouler par le trou de drainage du bac situé en bout de ligne. En divisant par deux la durée obtenue, l'eau n'est pas gaspillée et ne risque pas de tacher le revêtement de la terrasse. Dans tous les cas, mieux vaut arroser sur de courtes périodes, mais plusieurs fois durant le jour et la nuit.

La terrasse n'étant pas écrasée par le soleil, elle convient bien au développement de l'érable du Japon et des impatiens. L'olivier a plus de mal, mais il est encore jeune.

Une maison de verdure

Sur une terrasse de toiture, deux inconvénients majeurs peuvent être résolus de la même manière : l'indiscrétion du voisinage et l'exposition aux vents violents. Il suffit pour cela de créer un « nid végétal » qui dissimulera plus ou moins complètement l'espace de vie ou de réception. Par son architecture légère, la pergola contribue à l'élaboration de ce concept, l'esthétique en plus.

Vivre dehors, tout en restant dedans est la gageure réussie par cette terrasse. Situé dans un renfoncement habillé de lierre, le salon abrité des précipitations, s'ouvre en grand large sur le jardin.

AVANT

APRÈS

Ces 200 m^2 de terrasse situés en plein Paris ne donnaient guère l'impression de pouvoir se transformer en jardin. L'importante pression du bâti procurait une sensation de « blockhaus ». L'installation d'une pergola en bois sur le devant de cette façade ingrate a constitué une véritable « révolution visuelle ». Une fois habillée de plantes, elle modifie totalement l'aspect général du lieu.

Collés sur le plafond du renfoncement, les cavaliers de bois semblent traverser le béton. Ceci agrandit l'espace en direction de l'extérieur, tout en apportant une notion capitale de légèreté. La gageure a été de réussir à faire pousser du lierre dans la pénombre, ce qui a transformé le bloc de béton en une caverne de plantes. L'endroit a trouvé du charme et de la personnalité.

La pergola est habillée d'une clématite à feuillage persistant *(Clematis armandii)*. Dans les bacs, on reconnaît le foisonnement duveteux des pieds-de-coqs *(Dorycnium hirsutum)*. À gauche, un beau spécimen de troène du Texas *(Ligustrum japonicum* 'Texanum').

AVANT

APRÈS

Pour maintenir les lierres et les conduire à tapisser le plafond du renfoncement, des câbles en acier inoxydable ont été tendus en prolongement des cavaliers de la pergola. Les treillages en bois ont été ajourés et accompagnés de miroirs dans lesquels se reflète partiellement le jardin. On obtient ainsi une impression de profondeur et une réflexion de la lumière qui contribue largement à la bonne croissance du lierre.
Sur la gauche, de beaux spécimens de *Cordyline australis*, dont un en fleurs, apportent une touche exotique bienvenue. Cette terrasse, égayée par des floraisons variées de mai à octobre, nécessite une seule intervention d'entretien (taille, nettoyage) par an.

Toute la terrasse est généreusement plantée avec : *Hydrangea paniculata*, *Nandina domestica*, *Abelia* x *grandiflora*, des arbustes qui réussissent à coup sûr dans ces conditions.

Panoramique sur la ville

Lorsqu'une terrasse bénéficie d'une position dominante et d'une perspective bien dégagée, sa transformation en jardin profite de la vue alentour pour ouvrir la décoration végétale sur l'horizon. Cela accroît la sensation grisante qu'apporte la vue en plongée sur un vaste paysage urbain. Il faut alors ménager des trouées dans les plantation pour que le regard les traverse et s'évade bien au-delà des limites de la propriété.

Une disposition judicieuse des bacs en quinconce et l'utilisation de différentes formes et matériaux pour les contenants, segmentent la terrasse en petites zones structurées que l'on peut thématiser.

AVANT

Posée sur les toits de Paris, cette terrasse bénéficie d'une belle perspective sur la ville. La surface d'environ 150 m² a été entièrement étanchéifiée, puis divisée en deux. Un côté pour les parents et l'autre destiné aux enfants. Tout le sol a été recouvert par un plancher en bois exotique (ipé). Sur l'espace qui jouxte la chambre parentale, le bois est recouvert de gazon synthétique et décoré de pots en résine noire. L'intimité est assurée par des panneaux couverts de jasmin étoilé *(Trachelospermum jasminoides)*. Les grands pots accueillent des saules crevettes *(Salix integra* 'Hakuro Nishiki').
Sur la partie laissée en bois, des bacs en pin autoclavé et des pots en terre cuite (Ravel) accueillent les plantations. Au fond, le mur inesthétique est dissimulé par un treillage.

APRÈS (à la plantation)

L'aménagement de cette terrasse permet de bien apprécier les toits de Paris. Le reportage a été réalisé juste après l'intervention du paysagiste, ce qui montre le changement radical et immédiat du décor.

La ville est mon jardin

Lorsqu'elle se situe au niveau des plus hautes toitures alentour, la terrasse échappe à la pression urbaine. Il est alors possible d'y créer un véritable jardin suspendu, un sympathique « tapis volant » végétalisé sur lequel on prend place pour se détendre. Chaque regard permet alors d'apprécier le privilège de cette situation conquérante où l'on ressent une sensation d'absolu bien-être.

Bénéficiant d'une vue panoramique très appréciable, cette terrasse transformée en pièce conviviale, s'ouvre sans complexe sur la ville. La végétation en dissimule les contours pour libérer l'espace.

AVANT

APRÈS

Au sommet de hauts immeubles, dans la première couronne de l'Ouest parisien, cette vaste terrasse dénudée paraissait bien triste. Seul était planté le côté bénéficiant d'un haut coffrage en béton. L'appartement étant en location, l'aménagement paysager s'est limité à des interventions simples.

Le muret a été habillé avec du bois et complété par un coffre qui sert de banc, tout en permettant de loger tous les outils à l'intérieur. Un petit escalier de trois marches rend plus aisé l'accès à la partie « pleine terre », qui accueille désormais un potager.

Les plantations de la périphérie sont accueillies dans des pots demi-lune, des jardinières et des pots carrés, l'ensemble constituant une jolie ambiance très contemporaine de vert et de pourpre.

Les bacs sont dominés par des cornouillers à fleurs *(Cornus kousa)* et des gainiers du Canada *(Cercis canadensis* 'Forest Pansy'). Le foisonnement végétal est assuré par un mélange d'abélias, nandinas et saules. Des chèvrefeuilles de l'Himalaya *(Lonicera acuminata)* retombent et viennent courir sur la « moquette gazon ». L'impression de se trouver dans un jardin est évidente.

Ici, la terrasse a un an. Le sol recouvert de gazon synthétique apporte désormais une sensation chaleureuse, propice à la convivialité autour de la grande table en aluminium anodisé qui se joue des intempéries.

Un coin à l'ombre

Située de l'autre côté de l'appartement, cette seconde terrasse, plus intime, domine une petite cour dont la vue ne présente aucun intérêt. Ce lieu discret est devenu une « chambre de verdure » offrant une touche romantique. La pergola forme à la fois un écran et un écrin, sans procurer une sensation écrasante. Ses montants sont enlacés par des plantes grimpantes dont des clématites à feuillage persistant *(Clematis armandii)*. L'exposition étant ombragée, une « forêt » d'érables du Japon *(Acer palmatum)* se développe tout autour de ce discret espace. Le claustra existait déjà, il a suffi de trouver des bacs et un petit salon de jardin dans le même ton de bois.

Noyé dans un fouillis végétal très accueillant, ce petit coin charmant est habillé, au sol, de gazon synthétique pour des raisons esthétiques mais aussi économiques.

Intimité végétalisée

Terrasse ou rez-de-jardin constituent des petits coins secrets propices à la détente, voire à des « siestes câlines ». Pour préserver la clandestinité du lieu et le rendre visuellement impénétrable depuis l'extérieur, des solutions d'occultation esthétique existent.

Un balcon plein sud accueille des végétaux résistant à la sécheresse : lavande, hélichrysum, agapanthe, eulalie, origan. Le « pare-vue Solano » en Douglas *(Pseudotsuga douglasii)* apporte une touche champêtre. (Plantes Globe Planter, poteries Ravel).

Dans un style résolument contemporain, ce balcon se décline dans les tons froids : gris et pourpre, très appréciés aujourd'hui dans la décoration design des appartements. C'est un petit lieu harmonieux, propice au délassement, dans une riche ambiance de feuillages. Sol et claustra sont réalisés avec des lattes en bois composite, un matériau de récupération fabriqué à partir de déchets de scierie liés par de la résine synthétique. Cette dernière intègre des pigments pour une coloration « à cœur » très durable.

Le bac de droite est planté avec une plante curry *(Helichrysum* 'Korma'), celui de gauche avec une laîche panachée *(Carex trifida* 'Rekohu Sunrise').

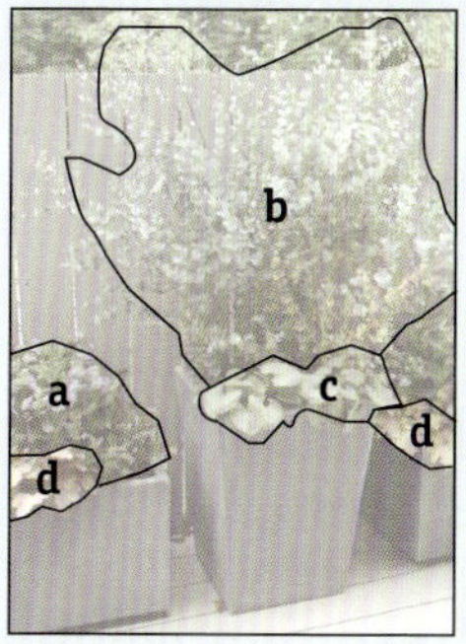

Des bacs en résine accueillent des plantes vivaces et des arbustes qu'il est facile de tailler.

a/ Hortensia *(Hydrangea You & Me* 'Romance'*)*
b/ Gommier bleu *(Eucalyptus gunnii* 'Azura'*)*
c/ Myosotis du Caucase *(Brunnera* 'Looking Glass'*)*
d/ Heuchère *(Heuchera Regal* 'Caramel'*)*

Des potées en béton se parent d'une texture originale. Leur grande capacité permet aux plantes d'y prospérer sans problème.

e/ Lin de Nouvelle-Zélande *(Phormium* 'Ruby Tuesday'*)*
f/ Œillet *(Dianthus Sensation* 'Tickled Pink'*)*
g/ Cornouiller du Pacifique *(Cornus nuttallii)*
h/ Troène du Japon *(Ligustrum lucidum* 'Exelsum Superbum'*)*
i/ Chèvrefeuille du Japon *(Lonicera japonica* 'Mint Crisp'*)*

Lorsque l'on possède un balcon qui ne dispose pas d'arrosage automatique, il est possible de partir deux semaines en été en utilisant des bacs étanches. Les végétaux sont plantés dans de la pouzzolane, puis les bacs sont remplis d'eau. Les plantes se retrouvant les pieds dans l'eau, il faut choisir des espèces que l'on installe sur les berges des bassins : jonc, papyrus, arum, prêle. Des lentilles d'eau *(Lemna minor)*, dispersées à la surface, filtrent l'eau et font écran à la lumière, ce qui empêche le croupissement et donc les mauvaises odeurs.

D'inspiration champêtre, ce balcon accueille un petit coin de plantes aromatiques. Menthe, sarriette, persil, romarin, ciboule se côtoient dans un sympathique bric-à-brac dominé en arrière-plan par un cassissier sur tige.

Les plantes clés pour les terrasses

LES ORIGINALES

1 Agapanthe *(Agapanthus africanus)*
Offrant aux regards de juin à septembre ses sublimes ombelles bleues ou blanches, cette vivace rhizomateuse d'origine sud-africaine craint les hivers froids et humides. La culture en pot dans un terreau bien drainé donne les meilleurs résultats.

2 Alchémille *(Alchemilla mollis)*
Appelée aussi « Manteau de Notre-Dame », cette vivace développe un magnifique feuillage caduc vert tendre sur lequel l'eau ruisselle sans le mouiller. Les fleurs vaporeuses jaune-vert en juin-juillet composent un ensemble d'une grande douceur.
Sol frais, exposition demi-ombragée.

3 Radiaire *(Astrantia major)*
Très rustique, cette vivace au feuillage découpé, caduc, forme une touffe arrondie qui, de juin à août, s'orne de délicats capitules roses ou blancs accompagnés de bractées en étoiles. Les fleurs peuvent être séchées pour composer des bouquets perpétuels. Sol frais, à mi-ombre.

4 Céanothe *(Ceanothus thyrsiflorus* 'Repens')
Conservant tout l'hiver son petit feuillage vert foncé, gaufré, cet arbuste au port couvre-sol craint les gelées inférieures à - 10 °C. En mai et juin, il se couvre complètement de petits épis bleus d'une rare intensité. Très bon comportement en bac, sol léger bien drainé, en plein soleil.

5 Cornouiller *(Cornus nuttallii)*
Ce petit arbre porte de larges feuilles nettement nervurées, qui, avant leur chute automnale, se parent d'un lumineux rouge orangé vif. En mai, les fleurs globuleuses sont accompagnées d'énormes bractées blanches ombrées de rose. Sol acide, frais.

6 **Montbrétia** *(Crocosmia masonorum)*
Ce cousin des iris forme des souches rhizomateuses qu'il faut planter assez profond (15 cm) pour les protéger du froid hivernal. La touffe de longues feuilles vert moyen est agrémentée en été de bouquets de fleurs rouge orangé de toute beauté. Sol léger, bien drainé, en situation chaude.

7 **Polygale** *(Polygala myrtifolia)*
Bien qu'il soit détruit dès la première gelée (- 6/- 7 °C), cet arbuste sud-africain au port compact, arrondi, gagne à être présent dans les jardins de ville pour ses fleurs papilionacées d'un rose violacé intense qui se succèdent de mai à octobre. Sol fertile et léger en plein soleil. Idéal en pot.

8 **Bonjeanie** *(Dorycnium hirsutum)*
Même s'il souffre par temps froid et humide, cet arbuste méditerranéen mérite une place de choix dans tous les jardins de ville pour son feuillage soyeux, gris argenté, qui persiste toute l'année.
Les petites fleurs attirent les pollinisateurs. Une plante au port ample d'une grande résistance à la sécheresse.

9 **Violette cornue** *(Viola cornuta 'Callisto')*
Les jardineries proposent en abondance au printemps cette cousine de la pensée, mais rarement dans les tons pourpre presque noir que présentent certains cultivars. Ils sont parfaits en accompagnement des feuillages gris et des fleurs blanches.

10 **Ail doux** *(Tulbaghia violacea)*
Cette plante bulbeuse originaire d'Afrique du Sud présente une bonne rusticité dans un sol bien drainé. Elle forme des touffes de feuilles rubanées semi-persistantes qui sentent nettement l'ail. Les fleurs mauves se succèdent tout l'été. Excellent en pot.

ARÔMES ET PARFUMS

1 Daphné *(Daphne odora)*
Persistant jusqu'à - 10 °C, cet arbuste compact épanouit en mars-avril des fleurs blanc rosé qui embaument plusieurs mètres à la ronde. Le parfum lourd, suave, très floral peut devenir entêtant. Culture en sol non calcaire à mi-ombre.

2 Héliotrope *(Heliotropium peruvianum)*
Originaire du Pérou, ce sous-arbrisseau est surtout cultivé comme une annuelle. En été, ses fleurs violet foncé exhalent le soir venu une puissante odeur balsamique, florale et vanillée, qui embaume vraiment.

3 Lavande *(Lavandula angustifolia)*
Formant une touffe arrondie très régulière de feuillage persistant glauque, ce sous-arbrisseau est incontournable dans tous les jardins peu arrosés. En juillet, les épis floraux expriment un parfum frais, tonique.

4 Lilas nain *(Syringa microphylla)*
Bien que son parfum floral soit moins puissant que celui du lilas commun, cette espèce est à préférer dans les petits jardins. Ses fleurs gracieuses offrent l'avantage d'une remontée dans le courant de l'été.

5 Magnolia *(Magnolia grandiflora)*
En été, les grandes coupes charnues blanc ivoire de cet arbre à feuillage persistant, exhalent un parfum frais qui rappelle celui de la fleur d'oranger. Bien qu'il puisse atteindre des dimensions importantes, il réussit bien en bac dans un terreau acide.

6 Mimosa *(Acacia dealbata)*
Cet arbre élégant au feuillage persistant vert ou gris selon les cultivars, fleurit vers la fin janvier, en bouquets de pompons jaune vif qui diffusent une fragrance verte, poudrée, délicatement miellée. La partie aérienne est détruite à partir de - 8 °C, mais la végétation repart de la souche.

7 **Oranger du Mexique** *(Choisya ternata)*
Formant une boule assez compacte au feuillage persistant aromatique (peu agréable), cet arbuste porte en mai-juin une abondance d'étoiles blanches qui sentent fortement la fleur d'oranger. Culture à mi-ombre dans un sol acide, humifère.

8 **Osmanthe** *(Osmanthus heterophyllus* 'Variegatus')
Le feuillage coriace, piquant, persistant, rappelle celui du houx. Marbrures et panachures varient selon les cultivars. Les petites fleur blanches qui apparaissent à la fin de l'été diffusent un parfum suave et sensuel qui rappelle nettement le jasmin.

9 **Plante curry** *(Helichrysum italicum)*
Ce sous-arbrisseau buissonnant est apprécié pour son feuillage persistant gris, parfois franchement argenté chez certains cultivars. Lorsqu'on le frotte, il exprime une forte odeur épicée qui rappelle celle du curry. Sol sec, calcaire, en plein soleil.

10 **Seringat** *(Philadelphus* 'Belle Étoile')
Ce n'est pas en vain que l'on appelle aussi ce grand arbuste caduc « jasmin des poètes ». En mai ses nombreuses fleurs blanches se parent d'une fragrance intense et très féminine qui associent jacinthe et citron. Taille courte obligatoire en bac.

11 **Romarin** *(Rosmarinus officinalis* 'Repens')
Bien qu'assez frileux et supportant mal les hivers humides, cet arbuste persistant est appréciable comme couvre-sol dans les jardins et sur les terrasses exposés en plein soleil. L'ensemble de la plante sécrète une huile essentielle aromatique à odeur camphrée.

12 **Sarcocoque** *(Sarcococca hookeriana)*
Ce gracieux arbuste persistant aux tiges arquées porte à la fin de l'hiver des petites fleurs pendantes, blanches aux pétales ténus. Elles embaument à plusieurs mètres d'un intense parfum de muguet soutenu de senteurs miellées intenses, entêtantes.

LES PLUS BEAUX FEUILLAGES

1 Faux-myosotis *(Brunnera* 'Looking Glass'*)*
En avril, les feuilles gris argenté, joliment veinées de cette vivace tout à fait rustique naissent au beau milieu de la floraison bleu clair, semblable à celle du myosotis. La plante, qui s'étale largement, apprécie les sol frais, humifères et l'ombre dense.

2 Immortelle *(Helichrysum* 'Korma'*)*
Ce sous-arbrisseau touffu, d'environ 50 cm de haut, conserve toute l'année son fin feuillage d'un blanc argenté très lumineux. Il épanouit en été des fleurs globuleuses jaunes qui composent un contraste très décoratif. Très résistant à la sécheresse.

3 Laîche *(Carex hachijoensis* 'Evergold'*)*
Caractérisée par son superbe feuillage persistant, jaune d'or bordé d'un fin liseré vert, cette vivace japonaise ressemble beaucoup à une graminée, formant une touffe souple aux feuilles arquées. Sol frais, voire humide, exposition mi-ombragée.

4 Laîche *(Carex trifida* 'Rekohu Sunrise'*)*
Totalement rustique, cette vivace forme une touffe compacte de longues feuilles coriaces et recourbées, d'un beau vert tendre souligné par plusieurs lignes jaunes et crème. Se développant rapidement, elle atteint 80 cm en tous sens. Plantation au soleil dans un sol souple et léger.

5 Épée d'argent *(Astelia chathamica)*
Venue de Nouvelle-Zélande, cette grande plante vivace se caractérise par sa résistance au climat maritime et à la pollution. Le feuillage persistant gris argenté forme une touffe érigée qui rappelle un peu les *Phormium*. Rusticité limitée (- 10 °C) ; sol très bien drainé, sec, en plein soleil.

6 Heuchère *(Heuchera Régal* 'Caramel'*)*
C'est la plante à la mode par excellente, une vivace très rustique, dont le feuillage persistant se pare de teintes étonnantes variables selon les cultivars. 'Caramel', avec son marron clair, ravit en compagnie des feuillages argentés ou pourpre foncé.
Il accepte très bien la mi-ombre. Sol frais.

7 Gainier du Canada
(Cercis canadensis 'Forest Pansy')
Ce petit arbre qui se ramifie dès la base, ne dépasse pas 5 m de haut. Il développe au printemps un jeune feuillage rouge violacé, qui s'assombrit ensuite vers le pourpre. Peu florifère, il apprécie les expositions mi-ombragée. Tous sols.

8 Coprosma *(Coprosma repens* 'Pacific Night'*)*
D'origine néo-zélandaise, cet arbuste n'est pas un modèle de rusticité (- 7 °C), mais il est très original avec son petit feuillage persistant coriace, vernissé, qui présente diverses nuances de pourpre. Réussissant très bien en bac, il atteint 1,50 m de haut. Sol acide, bien drainé, même sec en été.

9 Buis *(Buxus sempervirens)*
Incontournable de toutes les décorations en pots et bacs, parce qu'il se taille dans toutes les formes désirées, cet arbuste à feuillage persistant ne craint ni la sécheresse ni la pollution. Il est nécessaire de lui offrir un bon drainage pour éviter les maladies cryptogamiques très graves.

10 Lin de Nouvelle-Zélande *(Phormium)*
Formant une touffe de longues feuilles en forme de glaive, qui dépassent 1,50 m de long chez certains cultivars, cette plante vivace manque de rusticité (- 10 °C), mais se décline en une grande diversité de cultivars aux feuilles colorées, panachées, striées. Bonne résistance à la sécheresse.

Les plantes clés pour les terrasses

LES CACHE-MISÈRE

1 **Akébie** *(Akebia quinata)*
Cette généreuse liane volubile s'enroule seule sur son support. Ses feuilles persistantes composées de cinq folioles ressemblent à une main ouverte. En avril, les fleurs violet foncé exhalent une odeur de vanille agréable. Sol riche, profond.

2 **Clématite d'Armand** *(Clematis armandii)*
Le long feuillage coriace vert foncé reste présent toute l'année. La floraison très précoce en petits bouquets blancs est vraiment superbe. Une plante facile, qui résiste bien à la pollution. Sol souple.

3 **Lierre** *(Hedera helix* 'Elegantissima'*)*
Panaché de blanc-crème, ce cultivar de croissance rapide et sans problème crée un effet lumineux. Il s'utilise aussi comme couvre-sol dans les zones sombres. Très bonne résistance au sec et à la pollution.

4 **Mina** *(Ipomoea lobata)*
Appelée parfois « drapeau espagnol » en raison de la couleur de ses fleurs, cette vivace originaire d'Amérique tropicale est cultivée en annuelle. Poussant très vite, elle atteint 5 m en une seule saison. Sol riche, souple, en plein soleil.

5 **Passiflore** *(Passiflora caerulea)*
La végétation très puissante de cette liane sud-américaine en fait un parfait couvre-mur. La plante est semi-rustique en Île-de-France, où elle peut perdre une partie de son feuillage en hiver. Floraison estivale.

6 **Jasmin étoilé** *(Trachelospermum jasminoides)*
Traînant à tort une réputation de frilosité, cet arbuste volubile est idéal pour constituer des écrans en ville. Le feuillage persistant peut rougir par temps froid. Floraison généreuse, très parfumée en mai-juin.

ADRESSES UTILES

Arzinc
Toutes créations en zinc
84 rue de la chapelle
75018 Paris
Tél : 01 40 09 74 46
www.arszinc.com

Betafence france / bekaert
Clôtures
2 rue alexis de tocqueville
parc haute technologie
92183 antony cedex
Tél : 01 40 96 26 22
www.betafence.fr

Botanique éditions
Etiquettes et accessoires de jardin
Les Beurreries – bp 37
78810 feucherolles
Tél : 01 30 54 56 77
www.botaniqueeditions.com

Collstrop Garden
Palissades, pergolas
Industrielaan 5
B-8790 Waregen
tél : +32 101 56 62 01 00
www.collstrop.be

Delphine Messmer
Mosaïques
10 rue basfroi – 75011 paris
Tél : 01 44 93 50 16
www.delphinemessmermosaique.com

Falienor
Terreaux, substrats
Le ciron – BP 6 – 49680 vivy
Tél : 02 41 52 51 71
www.falienor.com

Horticulture Bonaut
Plantes méditerranéennes
566 chemin des maures
06600 Antibes
Tél : 04 93 33 51 24

Jct plants / Taugourdeau
Plants de légumes et aromatiques
Route de longué – bp 59
49250 Beaufort en Vallée
Tél : 02 41 57 57 57
www.taugourdeau.fr

L'orangerie
Pots de jardin contemporains
Petite route des barres
38138 Les Cotes d'Arey
Tél : 04 74 15 90 29
www.lorangerie.com

Ma-pelouse.com
Gazon synthétique
17 rue daniel stern
75015 Paris
Tél. : 01 45 77 29 35
www.ma-pelouse.com

Pépinières Bénédicte et Michel bachès
Olivier et agrumes
Mas bachès
66500 Eus
Tél : 04 68 96 42 91
www.agrumes-baches.com

Pépinière Jean Rey
Plantes méditerranéennes
Domaine de pascalette – rn 98
83250 La Londe les Maures
Tél : 04 94 05 17 87
www.pepinieres-jeanrey.com

Pépinières Maymou
Sujets remarquables (érables du japon, cornouillers, camélias...)
Chemin du moulin de habas
64100 Bayonne
Tél : 05 59 55 05 24

Pépinières Santonine
Plantes vivaces rustiques et de climat doux
17260 Villars en Ponce
Tél : 05 46 94 26 94
www.santonine.fr

Piveteau bois / Vivre en bois
Clôtures, claustras, pergolas
Zac de La Noue Rousseau
91240 St Miche sur Orge
Tél : 01 69 04 10 02
www.piveteaubois.com

Poterie Ravel
Poteries en terre cuite
Avenue des Goums
13400 Aubagne
Tél : 04 42 82 42 00
www.poterie-ravel.com

Rudolf Wendel
Eclairages de jardin
61-63 Grande-Rue
92380 Garches
Tél : 01 47 01 17 17
www.rudolf-wendel.fr

Serralunga
Bacs en résine
Via Serralunga 9
13900 Biella (italie)
Tél : 00 39 0152 435 711
www.serralunga.com

Serres et ferronnerise d'antan
Vérandas, serres, verrières
Route de Vendôme
41360 Savigny sur Braye
Tél : 02 54 23 70 34
www.serresdantan.com

Vannucci Piante
Végétaux d'ornement, gros sujets
Via Vecchia Pratese 238
51100 Pistoia (italie)
Tél : 00 39 0573 79701
www.vannuccipiante.it

Vertalis
Pépinière générale
Chemin rémy
45570 Dampierre en Burly
Tél : 02 38 35 03 30
www.vertalis.fr

Vincent Vallée SARL
Baignades naturelles
Route de Damville
27320 Nonancourt
Tél : 02 32 60 12 03
www.vincentvallee.com

Pierre-Alexandre Risser a crée la société horticulture et jardins :

Horticulture et jardins
5, sente des Fréculs
95390 Saint-Prix
Tél : 01 34 27 90 19
p.a.risser@hjardins.fr
www.hjardins.fr

Horticulture et jardins Provence
Frédéric Martin
Chemin des Fayettes – 26130 Saint-Paul-Trois-Chateaux
www.augresdesjardins.com

Horticulture et jardins Japon
Endo Toru
www.espacesverts.jp

Chaque année, la société Horticulture et jardins est présente à :

Jardins, Jardin
Évenement jardin au cœur de Paris
Jardin des Tuileries
75001 Paris
1er week-end de Juin
www.jardinsjardin.com

Journée des Plantes de Courson
Domaine de Courson
91680 Courson
www.domaine-de-courson.fr

CRÉDITS PHOTOGRAPHIQUES

Toutes les photos sont de **Nathalie Pasquel**,

à l'exception des photos « Avant » : P.-A. Risser et D.R.
et des photos suivantes, Agence MAP/Mise-au-Point :
- Arnaud Descat : pp. 16 (6), 66 (4), 67 (7, 9), 88 (2), 162 (1, 4) ;
- Gardenworld Images/Martin Hughes-Jones : pp. 88 (6), 160 (4) ;
- Gardenworld Images/John Swithinbank : p. 112 (1) ;
- Jenny Lilly : p. 88 (1) ;
- N. & P. Mioulane : pp. 16 (2, 3, 4, 5), 39 (bg), 40 (3, 6), 60 (1, 6), 66 (5, 6), 67 (10), 72 (2, 3, 4), 88 (3), 94 (1, 2, 3, 6), 96, 97, 98, 99, 100, 101, 102, 103, 104 (1 à 6), 105, 106, 108, 109, 110, 111, 112 (2, 5, 6), 113, 160 (1, 5), 161 (7, 8), 162 (6), 163 (8, 9, 10, 11), 164 (1, 2, 3, 4, 5), 165 (6, 7, 8, 9, 10), 166 (1, 3, 4, 5, 6) ;
- Yann Monel : pp. 72 (5), 112 (3) ;
- Clive Nichols : pp. 88 (4), 161 (6) ;
- Friedrich Strauss : p. 162 (2).

ISBN : 978-2-84138-452-5
2010 Les éditions Eugen Ulmer
8, rue Blanche 75009 Paris
Tél. : 01 48 05 03 03 – Fax : 01 48 05 02 04
www.editions-ulmer.fr

Responsable éditorial : Antoine Isambert
Conception graphique et réalisation :
Guillaume Duprat et Bénédicte Dumont

Photogravure : GCS, Montreuil
Impression : gruppo editoriale Zanardi
Dépôt légal : avril 2010
Printed in Italy
N° d'édition : 452-02

FSC www.fsc.org
MIXTE
Papier issu de sources responsables
FSC® C006866